Lore Ehrich

Geschichte einer Flucht

Durch Ostpreußen nach Nordjütland 1945

Lore Ehrich

Geschichte einer Flucht

Durch Ostpreußen nach Nordjütland 1945

Edition Forsbach

Bibliografische Information der Deutschen Nationalbibliothek:

Die Deutsche Nationalbibliothek verzeichnet diese Publikation in der Deutschen Nationalbibliografie; detaillierte bibliografische Daten sind im Internet über http://dnb.d-nb.de abrufbar

Edition Forsbach
Der Verlag für Bücher mit Herz

2. Auflage, Bamberg 2019

www.edition-forsbach.de

ISBN 978-3-943134-81-0

Herausgeber: Dr. Olaf Ehrich

Redaktion, Layout und Covergestaltung: Dr. Beate Forsbach

Lektorat: Sylvia Ehrich

Printed in Germany

Inhalt

Vorwort 7

An meine Mutter 10
Die Situation vor dem Aufbruch nach Westen 13
Die Nachricht von Werners Tod 15
Königsberg nach zwei Bombenangriffen 20
Die Russen dringen immer weiter vor 23
Die Flucht aus Sensburg beginnt 26
Von Sensburg Richtung Ostsee 32
Weiter mit dem Schmiedewagen 35
Papa stirbt auf der Flucht 44
Weiter westwärts 47
Ende der Fahrt mit dem Schmiedewagen und weiter Richtung Frisches Haff 49
Längerer Aufenthalt in Braunsberg 53
Fahrt über das Frische Haff 57
Kahlberg, keine schöne Erinnerung 60
Die Nehrungsstraße entlang über Stutthof nach Danzig 62
Persönlicher Tiefpunkt in Stutthof 66
Mit dem LKW nach Dirschau 70
Danzig! Der rettende „Engel" Hans Hellweg taucht auf 75
Wiedersehen mit einer alten Freundin in Neufahrwasser 84

Überfahrt nach Kopenhagen mit der „Hector“ 86
Ankunft in Hørby in Nordjütland / Dänemark 93
Viele Kinder sterben im „Roten Haus“ in Hørby 98
Von Hørby ins Krankenlager nach Aalborg 103
Es zeichnet sich immer deutlicher ab: Deutschland verliert den Krieg 112
Die „dänische Liebe“ blüht 114
Umzug zum Fliegerhorst bei Aalborg (Nørresundby) 119
Umzug ins Krankenhaus am Fliegerhorst 125
Gedanken zur deutschen Kapitulation 127
Leben nach der Kapitulation 130
Von der Personalbaracke ins Lazarett 135
Wieder im Fliegerhorst-Lazarett 138
Von einem Lager zum anderen 141
Leider wieder Auszug aus dem kleinen Paradies 144
Die Menschen in der Baracke 153
Erinnerungen an alte Zeiten 164
Weihnachten und die letzten Tage mit Paul 166
Weiterleben in Dänemark 175
Ein kleines Abenteuer 181
Ostern im Fliegerhorst 185
Axel geht in Aalborg zur Schule 188
Der lang ersehnte Brief der geliebten Mutter trifft ein 192

Nachwort 197
Die Autorin 200

Vorwort

Die Aufzeichnungen über die Flucht der Erzählerin, meiner Mutter, aus Sensburg in Ostpreußen, begonnen am 26. Januar 1945 mit zwei Kindern, zwei und vier Jahre alt, sowie Mutter (64 Jahre) und Vater (74 Jahre), sind unmittelbar nach der Kapitulation im Mai 1945 entstanden. Meine Mutter lag zu dieser Zeit wegen einer Gelbsucht in einem Krankenhaus in Aalborg / Dänemark.

Eine nette Krankenschwester, mit der sie öfter über die Flucht sprach, meinte, dass sie doch ihre Erlebnisse aufschreiben sollte. „Papier und Stift und eine feste Unterlage kann ich Ihnen besorgen“, sagte sie, und so begann meine Mutter im Krankenlager, ihre Erinnerungen an die Flucht aufzuschreiben. Die dortigen jungen Ärzte überließen ihr am Abend die Schreibmaschine, und die Tochter einer Bekannten freute sich, wenn sie mit dem Maschinenschreiben nicht aus der Übung kam. So konnte sie ihr alle Aufzeichnungen diktieren.

Der Text ist in Form einer Anrede bzw. eines Briefes an ihre von ihr sehr verehrte Mutter Charlotte abgefasst. Sie wusste allerdings zum Zeitpunkt der Niederschrift nicht, ob die Mutter noch lebte. Schon gleich zu Beginn der Flucht waren die Eltern zurückgeblieben und die Erzählerin hatte seit der Trennung nichts mehr von ihnen gehört.

Deutschland hatte kapituliert, der Krieg war zu Ende. Das Trauma, das die Flucht hinterlassen hatte, musste bewältigt werden. Es musste ein Ventil gefunden werden, das die seelischen Verspannungen löste. Das Niederschreiben der Fluchterlebnisse war eine therapeutische Maßnahme, mit der meine Mutter sich von seelischen Belastungen und schmerzlichen Erinnerungen zu befreien suchte.

Diese Art der Aufarbeitung lag nahe, denn immer schon hatte sie sich ihre Sorgen und Nöte in Form von Briefen oder Tagebüchern von der Seele geschrieben. Es kam ihr dabei nicht darauf an, einen größeren Leserkreis anzusprechen, sondern sie schrieb eigentlich nur für sich. So auch in diesem Falle. An eine Veröffentlichung war nie gedacht worden. Es war ihr ausdrücklicher Wunsch, dass niemand außer ihrer Mutter Charlotte die Fluchtschilderung vor ihrem Tode zu sehen bekommen sollte, auch wir als engste Familienmitglieder nicht. Wir haben uns schließlich doch zur Publikation entschlossen, da die Lektüre bei Freunden und Bekannten ein sehr positives Echo hervorgerufen hatte.

Die Flucht durch Ostpreußen endete im März 1945 in Gotenhafen/ Danzig. Von dort ging es weiter per Schiff, zwei Wochen nach dem Untergang der „Wilhelm Gustloff", mit der „Hector" nach Kopenhagen und von dort zu verschiedenen Stationen in Nordjütland (Aalborg, dem kleinen Ort Hørby, Fliegerhorst Nørresundby u. a.).

Diese Erlebnisschilderung ist nicht zu verstehen als eine historische Quelle, die objektiv über die Kriegsgeschehnisse im ersten Halbjahr 1945 berichtet. Die Schilderung lebt vielmehr von der ganz subjektiven Beschreibung der Menschen, der Empfindungen, der Hindernisse und Schwierigkeiten, der Gefahren und Todesängste, die die kleine Familie während der abenteuerlichen Flucht ins Ungewisse begleiteten.

Historische und politische Ereignisse werden nur vom Standpunkt der Erzählerin aus beschrieben, es sind keine objektiven Bewertungen der Situation. Dies war weder möglich noch bezweckt, da das Wissen der Flüchtlinge über die politische Lage sehr begrenzt bzw. gefärbt war. Der Reiz dieser Schilderung liegt vielmehr in der authentischen Beschreibung der Gedanken und Beobachtungen der Erzählerin. Ich habe keinerlei Änderungen an dem im Herbst 1946 fertiggestellten Originalmanuskript vorgenommen. Das gilt auch für die fiktiven Namen der in der Schilderung auftretenden Personen; nur die für die Erzählerin wichtigsten Bezugspersonen sind am Ende des Buches mit wirklichen Namen benannt.

Wie schlägt sich eine junge Frau aus gut behütetem Haus mit zwei kleinen Kindern durch die Wirren des Krieges? Schon wenige Tage nach der Flucht aus Sensburg stirbt der Vater der Erzählerin am 15. Februar 1945, seine Frau bleibt bei ihm mit ungewissem Schicksal, die Autorin ist nach der Trennung mit ihren beiden Kindern ganz auf sich allein gestellt.

Schließlich möchte ich allen Menschen, die mich bei der Arbeit an diesem Buch unterstützt haben, ganz herzlich danken. An erster Stelle sei hier meine Frau Sylvia genannt, die für das Lektorat zuständig war und viele Anregungen gegeben hat.

Für die Hilfe bei der Umsetzung des maschinengeschriebenen Textes und der Fotos in die digitale Form danke ich meinen Söhnen Till und Niels. Mein Dank gilt meinem Bruder Axel, der als erster auf eine Veröffentlichung der Aufzeichnungen unserer Mutter drängte. Dank auch an alle Freunde und Bekannten, die mich durch ihr Interesse an diesem Thema zur Fertigstellung dieses Buches motiviert haben.

Dankbar bin ich der Verlegerin Dr. Beate Forsbach für die Realisierung dieses ungewöhnlichen Buchprojekts.

Ich wünsche Ihnen eine anregende Lektüre.

Olaf Ehrich

An meine Mutter

Es geht ein Pflüger übers Land,
Er pflügt mit kühler Greisenhand
Die Schönheit dieser Erden.
Und über Menschenplan und -trug
Führt schweigend er den Schicksalspflug,
Vor dem zu Staub wir werden.

So pflügt er Haus und Hof und Gut
Und Greis und Kind und Wein und Blut
Mit seinen kühlen Händen.
Er hat uns lächelnd ausgesät,
Er hat uns lächelnd abgemäht
Und wird uns lächelnd wenden.

Rings um ihn still die Wälder stehn,
Rings um ihn still die Ströme gehn
Und goldne Sterne scheinen.
Wie haben wir doch zugebracht
Wie ein Geschwätz bei Tag und Nacht
So Lachen wie Weinen.

Nun lassen Habe wir und Haus
Und ziehen unsre Schuhe aus
Und gehn mit nackten Füssen.
Wir säten Tod, wir säten Qual,
Auf unsren Stirnen brennt das Mal,
Wir büßen, wir büßen.

Oh gib, dass ohne Bitterkeit
Wir tragen unser Bettlerkleid
Und deinem Wort uns fügen!
Und lass uns hinterm Pfluge gehn,
So lang die Disteln vor uns stehn
Und pflügen, und pflügen!

Und führe heut und für und für
Durchs hohe Gras vor meiner Tür
Die Füße aller Armen.
Und gib, dass es mir niemals fehlt
An dem, wonach ihr Herz sich quält,
Ein bisschen Brot und viel Erbarmen.

Ernst Wiechert

Die Situation vor dem Aufbruch nach Westen

Dänemark, im Juni 1945

Du, meine über alles geliebte Mutter, von der ich nicht weiß, ob du noch lebst oder ob du bereits in eine schönere Welt hinübergeglitten bist, lass uns noch einmal alles durchsprechen, was das letzte Jahr uns brachte.

Ich kann Gott nicht um ein Wiedersehen bitten, hat er uns doch in den Tagen der Flucht so viel Jammer und Leid erleben lassen, dass ich nur noch hoffen darf, er allein ließ dich den richtigen Weg finden.

Gleichviel, was ich auch über das Schicksal in der Heimat erfahren werde, liebe, geliebte Herzensmutter, ich will dir mein ganzes Herz ausschütten, und ich weiß, dass du mir zuhörst und mir die Last tragen hilfst, die oft wie ein Mühlstein auf meine Brust drückt.

Wo soll ich beginnen? Nicht erst bei der Flucht, sondern schon bei Werners Tod, denn jetzt weiß ich's, das war der Anfang unserer großen Tragödie und zugleich das erste Ereignis, das mein von Kindheit an und selbst noch in den Kriegsjahren so behütetes, umsorgtes, glückliches Leben völlig aus den Angeln hob.

Während im Westen der Spätfrühling 1944 den Beginn der für uns so verhängnisvollen anglo-amerikanischen Offensive brachte, blieb im Osten vorläufig alles ruhig. So kam noch Ende Juni ein kurzer beruhigender Brief von Werner, der Oberleutnant beim Stab eines Flak-Regiments in Orscha war, was allerdings in unmittelbarer Frontnähe lag. Wir hatten alle das Gefühl, es wäre dies nur die Stille vor dem Sturm, und tatsächlich begann schon gerade im Mittelabschnitt der Ostfront am 22. Juni die große russische Offensive, die unser aller Verderben werden sollte. Mit unvorstellbarer, ungeahnter Schnelligkeit und Grausamkeit wälzte sich das russische Heer nach Polen und Deutschland hin, alles mit sich reißend, was nicht um sein Leben rannte.

Die Nachricht von Werners Tod

Glücklicher Werner! In den Erdkampf eingesetzt, immer noch in Verbindung mit der Truppe, hast du diesen tragischsten und schmählichsten aller Rückzüge nur noch acht Tage durchmachen müssen. Schon am 2. Juli 1944, beim Übergang über die Beresina, machte die Kugel eines russischen Panzerschützen deinem Leben ein schnelles schmerzloses Ende.

Nur du allein, Herzensmutter, weißt, was es für mich bedeutete, sieben Wochen ohne Nachricht zu sein, 50 Tage hindurch, jeden Morgen die gleiche Hoffnung auf die Briefträgerin und die gleiche Enttäuschung zu erleben, wenn sie wieder nichts brachte. Bekannte bekamen Post, Grüße, Telefonanrufe, Nachricht aus Lazaretten, von Werner nichts. Allmählich fanden sich auch eine Menge Versprengter ein, die auf der Durchfahrt ihre Angehörigen besuchten. Bei jedem Auto, das vorüberfuhr, dachte ich: „Jetzt, jetzt wird es halten, jetzt wird er gleich vor dir stehen, und alles, alles ist gut.“ Dann wieder versuchte ich, mich auf alles gefasst zu machen. Tot oder vermisst, man musste doch den Dingen ins Auge sehen, durfte sich nicht umwerfen lassen, wenn die Nachricht kam. Gott war ja mit ihm, so oder so, wie durfte ich da verzweifeln?

Gerade dieser allerdings späte Sommer war ungeahnt lang und schön. Wochenlang strahlte die Sonne in ungetrübter Helligkeit und Wärme auf das blühende Land und die geheimnisvollen Seen Masurens. Sie leuchteten freundlich in unwahrscheinlichem Postkartenblau durch das sonnige Grün der Wiesen und Wälder. Das Baden war in dieser Zeit die einzige Freude meines Lebens, das man eigentlich nur noch ein Vegetieren nennen konnte. Weit schwamm ich hinaus in die blaue Tiefe, und jedes Mal kehrte ich mit einem Seufzer um, mich stets bei dem gleichen Gedanken ertappend, wie schön es sein müsste, wenn ich nie wieder zurück ans Land brauchte.

Und einmal im August war es dann doch so weit, dass meine Hand ein kleines Päckchen umklammerte, welches nichts weiter enthielt als eine schäbige alte Brieftasche und ein Bildchen von mir und den beiden Kindern. Das war der ganze Nachlass des Oberleutnant E., das war alles, was von einem schönen, kräftigen, klugen, gesunden, geliebten Menschen übrig geblieben war. Wie hatte ich mich doch auf alles gefasst machen wollen, wie stark und wie reif war ich mir vorgekommen, wenn ich in der letzten Zeit mit Gott gerungen hatte und gebetet wie Jesus in Gethsemane: „Herr, ist es möglich, so nimm diesen Kelch von mir, aber nicht mein, sondern dein Wille geschehe!" Jetzt, als ich immer wieder die alte Brieftasche in den Händen hielt, fiel alles von mir ab, aller Glaube, alle Hoffnung, alles Vertrauen. Wie ein Stein lag mein Herz in der Brust, ich konnte nicht beten, nicht weinen. Was ich auch im Haushalt tat, wohin ich auch ging, immer klopfte es wie mit Hammerschlägen gegen meine Schläfen: Er ist tot, er ist tot, er ist tot!

Auch die Kinder Olaf und Axel, nun 2 ½ und fünf Jahre alt, waren zunächst gar kein Trost. Immer wenn ich sie ansah, dachte ich daran, dass sie ihr ganzes Leben ohne Vater wären, und wie sehr Werner sich doch noch an ihnen gefreut hätte. Erst nach einigen Tagen, als ich des Nachts wieder von Zweifeln und Bitterkeit gequält, mit offenen trockenen Augen im Bett lag, wurde ich herausgerissen aus meinem nachtwandlerischen Zustand. Es war mir plötzlich, als ob die Gestalt meines lieben, alten, verstorbenen Pfarrers, der mich im schönen Dom zu Königsberg einst eingesegnet und getraut hatte, direkt über mir schwebte, hin und her, her und hin, mit segnenden, beruhigenden Händen. Seitdem schwanden die Zweifel, und ich konnte wieder beten. Diese innere Heilung wurde noch begünstigt durch einen Besuch bei Werners Eltern. Niemand störte dort unsere Totenandacht. Wir weinten zusammen um ihn, wir sprachen über sein Leben und fanden nur Gutes und Glückliches zu berichten. Er sollte immer mitten unter uns sein, und er war es auch. Es war wunderbar tröstlich, ihn so beschützend neben mir zu wissen. Ich habe seitdem nie mehr dieses starke Gefühl seiner körperlichen Nähe gehabt, aber die feste innere Zuversicht auf ein einstiges schöneres Wiedersehen habe ich nie mehr verloren, und sie war und blieb mir immer ein großer Trost.

Es war in dieser Zeit ersten heftigsten Schmerzes nicht so, wie man es häufig in Berichten und Romanen lesen konnte, dass ich es nicht ertrug, alles Leben um mich her genauso weitergehen zu sehen. Oh nein, warum sollte die Welt nicht weitergehen, wenn ein unbekannter kleiner Oberleutnant gefallen war? Aber ich wusste nicht mehr, was ich nun auf dieser Welt sollte, trotz der Kinder, ich wusste es zunächst nicht. Mir war, als wandelte ich schon mit Werner in einem Zwischenreich, und einmal hätte ich den Lockungen des Wassers fast nicht mehr widerstanden. Ich wanderte, wie so oft, zu einem einsamen Waldsee, wo wir in glücklicheren Zeiten oft noch abends gebadet hatten. Das Wasser, dunkel und geheimnisvoll, lag wie ein Spiegel. Die Pappeln am Ufer, vom Abendwind bewegt, flüsterten einen leisen Gruß aus einer fernen Welt, es war wie ein großes schönes Grab. Doch war ich nicht allein, einige Frauen, derb und vergnügt, spielten am Ufer Ball. Im Wasser plätscherte ein Backfisch und sang dabei nach einer Leierkastenmelodie wie mir zum Hohn: „Schön ist das Leben der Flieger, schön ist das Leben der Flak. Einmal, da kommen sie wieder, und einmal, da hauen sie ab.“

Du glaubst gar nicht, was mich da für ein Ekel vor dem Leben packte! Ich sprang ins Wasser mit der Absicht, so weit hinaus zu schwimmen, dass meine Kräfte auf dem Rückweg versagen mussten. „Nein, nein", beruhigte ich mich, „du willst ja gar nicht für immer gehen, du darfst es ja auch gar nicht, schon der Kinder und Eltern wegen nicht. Aber wenn du da unten liegst, es brauchen ja nur wenige Sekunden zu sein, dann kannst du ihm doch noch einmal sagen, wie lieb du ihn hattest, dann wird das Weiterleben leichter sein."

Aber, mein liebes Herz, du, der Gedanke an dich und deinen Schmerz blieb Sieger, auch wollte ich den Frauen am Ufer, die schon aufmerksam geworden waren, kein Schauspiel bieten. du weißt, ich habe dir später davon erzählt und mich geschämt und dir fest versprochen, von nun an mein Schicksal zu tragen. Und ich habe dieses Versprechen gehalten, eine Fahnenflucht und lange Trauer wäre auch gar nicht in Werners Sinn gewesen. Außerdem stehe ich auf dem Standpunkt, dass alles Leben von Gott stammt, und er daher der Einzige ist, der es uns nehmen darf. Aber trotz aller Tapferkeit kann ich es nicht verhindern, dass mir oft vor der langen, öden und so dunkel und ungewiss erscheinenden Wanderstrecke graut, die mich noch von Werner trennt.

Hundert Kondolenzbriefe kamen und 99 Bekannte schrieben, dass er in den Kindern fortlebt, dass ich dieses, sein Vermächtnis, hüten und darin Trost finden müsse. Wusste ich denn aber, ob mir die Kinder erhalten blieben? Wusste ich denn, was uns allen noch bevorstand? Außerdem, so sagte ich mir, hat jeder Mensch ein Recht auf ein eigenes Leben, besonders ein Mann. Da wäre es verkehrt, den Fehler der meisten Witwen zu begehen und sich allzu sehr an die Kinder zu klammern, denn dann ist man – kann man nicht mehr für sie sorgen – für immer und ewig aus der Bahn gerissen.

Nein, es musste noch andern Trost geben! Alle Trauer ist ja im Grunde Egoismus; denn die Toten selbst sind gewiss eher zu beneiden, als zu bedauern. Werner war gerade 40 Jahre alt geworden, und er hatte ein so glückliches Leben gehabt. Nachdem wir uns erst in unsere gegenseitigen Schwächen hereingefunden hatten, ergänzten wir uns geradezu unwahrscheinlich gut.

Ich weiß, auch du und Papa, ihr habt ihn wie einen Sohn geliebt, und auch euer Leben hat seit seinem Tod eine tiefe, unheilbare Wunde erlitten. Aber es war für mich doch ein Trost zu wissen, dass Werner nach einem glücklichen Leben nun einen raschen, schönen Soldatentod fand, um den ihn sicher mancher Mann beneidete. Schon damals ahnte ich dunkel, wie vieles ihm erspart bleiben würde, was uns noch bevorstand. Und welch ein Trost, dass wir so in Liebe und Güte voneinander schieden und dass es keine Reue und kein Zuspät für mich gab!

So fand ich schneller ins Leben zurück, als ich's selbst für möglich gehalten hätte. So konnte ich schon nach einigen Wochen wieder mit warmem Herzen an Leid und Freud der anderen teilnehmen. Auch wäre es töricht gewesen, Kultus mit dem eigenen Leid zu treiben, besonders in einer Zeit, wo das Leid sich ringsum zu Bergen häufte. Das Leben und auch mein Leben mit Kindern und Eltern, Baden, Einholen, Kochen und Reinmachen, Besuchen und Spaziergängen, ging also weiter. Meine Freunde und Bekannten bewunderten sogar meine vorbildliche Haltung. Aber trotz aller Anstrengung konnte ich es doch nicht verhindern, dass der Gedanke, nie mehr auf Post und auf Urlaub warten zu dürfen, nie mehr Pläne zu schmieden für eine glücklichere gemeinsame Zukunft, mich von Zeit zu Zeit wieder um meine innere, so mühsam errungene Fassung brachte. Meine Haare begannen grau zu werden in diesen Wochen und Monaten.

Königsberg nach zwei Bombenangriffen

Je weiter der Sommer fortschritt, desto düsterer zogen sich die Wolken am politischen Himmel, besonders aber über unserem Ostpreußen zusammen. Ich hatte fest geglaubt, dass mich nach Werners Tod nichts mehr erschüttern konnte, aber nun wurde ich doch von der allgemeinen Angst und Erregung und den Gedanken an eine eventuelle überstürzte Flucht mitgerissen.

Zunächst packten wir alle eine Menge von Paketen mit Kleidern und Wäsche, um sie an Bekannte „ins Reich" zu schicken. Auch fuhr ich noch einmal für zwei Tage nach Königsberg, um unsere Wintersachen zu holen. Der Anblick Königsbergs, meiner Geburtsstadt, die vor kurzem zwei furchtbare Bombenangriffe hatte über sich ergehen lassen müssen, erschütterte mich aufs tiefste. 75 % der Stadt, d. h. fast die ganze Innenstadt, war zerstört. Stundenlang wanderte ich nur durch Ruinen, immer hoffend, an der nächsten Straßenecke würde sich endlich einmal ein erfreulicherer Anblick bieten, aber immer trog diese Hoffnung.

Vielleicht wäre es nicht so schaurig gewesen, wären die Häuser alle dem Erdboden gleich geworden. Aber meist standen noch die der Straße zugekehrten Grundmauern und sahen, so schien es mir, mit den ausgebrannten Fenstern wie mit toten Augen in stummer Anklage auf die vorbeigehenden Menschen herab. Immer musste ich an Schillers „Glocke" denken: „In den öden Fensterhöhlen wohnt das Grauen, und des Himmels Wolken schauen hoch herein." Wie viel Menschen mochten brennend in Todesangst durch die Straßen gelaufen sein, und wie viele waren wohl unter den

Trümmern begraben? Ich landete schließlich in einer stillen Seitenstraße, die auch zur Hälfte zerstört war, um einen Besuch bei einer Schwerkranken zu machen.

Ach, meine Lieben, wie gut kennen wir sie doch alle, diese Straße und dieses Haus, in dem ich meine ganze Kindheit und Jugend verlebte! Die vielen großen, immer ein wenig dunklen und kühlen Räume, der geräumige Balkon mit der Aussicht auf den kleinen, damals immer von Kindern überfüllten Garten! Tausend Erinnerungen wurden wach an lustige, wilde Spiele im Garten, an Menschen, die man längst aus den Augen verloren hatte, an Maifeiern auf dem Balkon, Kindergeburtstage, an weihnachtliche Besuche und Geschenke, an Tanzgesellschaften und Silberhochzeiten!

Nun saß ich am Bett einer Sterbenden, ihr Stöhnen und Würgen waren neben dem Ticken der Uhr die einzigen Laute in der großen leeren Wohnung, deren Türen alle weit offen standen. Verlassen und unheimlich still lagen auch Hof und Garten.

Erschüttert wanderte ich zurück, wieder durch die total zerstörten Straßen der Innenstadt. Die Sonne war inzwischen schon untergegangen, aber der Himmel war im Westen noch blutig rot gefärbt, als kündete er von den unsagbaren Schrecken der vergangenen Wochen. Und wieder starrten mich die toten ausgebrannten Augen der Häuserruinen so unheimlich an, dass ich fest glaubte, im nächsten Augenblick müsse mir der Knochenmann, starr und überlebensgroß, in eigener Person begegnen und mich aus ebenso hohlen schrecklichen Augen anstarren wie die Ruinenfenster.

Weit und breit war kein Mensch zu sehen, und mir war's, als schritte ich als einziges, völlig überflüssiges, überlebendes Wesen durch eine Totenstadt. Da packte mich ein Grauen, und ich rannte so schnell wie möglich davon, bis ich eine Straßenbahn klingeln hörte und wieder Menschen sah. „Nach Hause, nach Hause", weiter hatte ich zunächst keinen Gedanken mehr. Nur nicht allein sein, nur wieder Wärme spüren und vertraute Räume, bekannte Stimmen und Kinderlachen, ja Kinderlachen. In diesem Augenblick empfand ich ganz tief die große Gnade, Kinder zu haben.

Die Russen dringen immer weiter vor

Im Oktober 1944 zogen die Russen in Goldap ein, wo sich heftige Straßenkämpfe entwickelten. Nun rückte die Frage des Wohnwechsels immer brennender an uns heran. Von Amts wegen wurde nichts unternommen, Partei und Polizei waren sich darüber einig, dass für unsere Stadt nicht die geringste Gefahr bestünde. Aber jeder fragte sich, ob es denn so unmöglich wäre, dass feindliche Panzerspitzen schon in den nächsten Tagen bis zu uns durchstoßen könnten? Immer wieder sah ich Werners Bild an, warum hatte er uns allein gelassen? Doch wenn Gott wollte, dass ich und die Jungen weiterleben sollten, so musste er uns auch helfen. Er musste uns ein Zeichen geben, wie wir uns zu entscheiden hätten. Dabei wusste ich ganz genau, was ich tun sollte, wenn ich Werners Bild ansah. „Du weißt doch", sprachen die Augen, „dass ich dir bereits in meinen letzten Urlaubstagen eine russische Invasion nach Deutschland prophezeite. Ich sagte dir auch, dass du so schnell wie möglich mit den Kindern fort müsstest", sagte der immer ein wenig spöttisch und eigensinnig zusammengepresste Mund. Aber ich wollte ihn nicht verstehen.

Nun erreichte mich gerade in diesen kritischen Tagen das Telegramm einer Freundin, die bereits mit Sack und Pack und fünf kleinen Kindern ins Zittauer Ländchen übergesiedelt war. Ich sollte sofort alle Sachen verschicken und dann umgehend nachkommen, sie hätte für mich und die Kinder in einem Landpfarrhaus Quartier besorgt. Gleichzeitig aber brachte der Rundfunk die Nachricht, dass das russische Heer zum Stehen gebracht und vor Goldap abgeschlagen wäre. Ich aber sah geflissentlich über Werners vorwurfsvolle Augen hinweg und nahm diese letzte Nachricht als den ersehnten Wink vom Himmel. Danach stand der Entschluss zum Bleiben innerlich bei mir fest. Ich hatte ganz gegen meine sonstige Gewohnheit wie ein Spieler alles auf eine Karte gesetzt. Da es sich später als die falsche Karte erwies, so war das Spiel verloren. Anfangs schien es, als sollte ich Recht behalten, denn an der Ostfront blieb alles ruhig. Ein lebhafter Briefwechsel entspann sich trotzdem zwischen der Freundin und mir. Sie riet immer wieder, ja sie beschwor mich förmlich zur sofortigen Abreise, doch fand ich immer wieder Gegengründe, bis ich schließlich endgültig abschrieb. Zwar waren wir uns alle darüber klar, dass der Russe nicht nachgeben würde, aber ich beschwichtigte mein mahnendes Gewissen mit der Begründung, dass von Amts wegen im Ernstfalle schon rechtzeitig etwas unternommen werden würde.

Und weiter ging das Leben, wenn auch längst nicht mehr mit der gleichen Ruhe und Sorglosigkeit wie einst. Immer wenn wir mit Freunden gemütlich zusammensaßen, immer wenn unser Blick die schöne, gepflegte Wohnungseinrichtung streifte, immer wenn wir uns abends in die warmen Federbetten legten, ein Buch zur Hand nahmen und Radiomusik hörten, dann drängte sich uns allen jedes Mal die bange Frage auf: wie lange noch? Und doch hatte auch diese Zeit ihr Gutes. Noch nie hatte ich die Schönheit meiner Heimat, die gemütlichen Kaffeestunden mit Bekannten, die Ruhe und Stille der Kleinstadt und die ganze glückliche Geborgenheit unserer äußeren und inneren Verhältnisse so zu schätzen gewusst wie in diesen Monaten. So wurden mir viele Dinge, die mir sonst selbstverständlich erschienen waren, zu einem schönen beglückenden Erlebnis. Ja, das Weihnachtsfest, vor dem ich zunächst solche Furcht gehabt hatte, weil es das erste ohne Werner war, wurde sogar ganz besonders hübsch und stimmungsvoll.

Eva, unser aller Lieblingsfreundin, überraschte uns mit ihrem Besuch, um mich gerade in den Feiertagen über die bittersten Stunden der Erinnerung hinwegzubringen. Es gelang ihr auch fast vollkommen, denn sie brachte, wie immer, einen Hauch der großen Welt in unsere brave Geborgenheit und wusste so viel Amüsantes und Interessantes zu erzählen, dass mir die Zeit wie im Fluge verging. Auch für die Kinder hatte ich noch mit vieler Mühe allerlei hübsche Dinge erstehen können. Der Tannenbaum erstrahlte wie früher im Schein seiner Kerzen und Glaskugeln, Axel sagte sein ziemlich langes Weihnachtsgedicht ohne Stocken auf und unser kleines, noch sehr kindliches Pflichtjahrmädel hatte es sich nicht nehmen lassen, selbst als Weihnachtsmann verkleidet zu erscheinen.

„Mutti", rief Axel sofort furchtlos, „der Weihnachtsmann hat ja keine Stiefel an!" Tatsächlich hatte Erika ihre Spangenschuhe anbehalten, und nun guckten zu unserer aller Erheiterung unter dem dicken Schafspelz ihre streichholzdünnen Beinchen hervor. Dazu bewegte sie sich mit so zitternder Langsamkeit und versuchte, so tief zu sprechen, dass man durchaus nicht, wie doch eigentlich üblich, den Eindruck eines lauten, polternden, gutmütigen Nikolaus hatte, sondern eher glauben musste, eine Sterbende wäre noch einmal vom Totenbett auferstanden.

Ich sehe dich lächeln, Liebes, sicher denkst du in diesem Augenblick wie ich daran, dass wir alle ohne Ausnahme Tränen gelacht haben. Ich war sehr verwundert über mich selbst, dass ich noch so lachen konnte. Die Sterne schienen mir heller zu strahlen in diesen Tagen, und wenn ich jetzt Werners Bild ansah, so war mir's, als ob seine Augen mich ganz besonders freundlich grüßten. Ja, dieses Weihnachtsfest sollte für lange Zeit der letzte glückliche Schein sein, der in unser Leben fiel.

Die Flucht aus Sensburg beginnt

Das neue Jahr 1945 fing gleich böse an. Ich bekam einen Umlauf am Finger, und da sich der Eiter unter den Nagel zog, musste dieser, nachdem ich fast unerträgliche Schmerzen ausgestanden hatte, abgenommen werden. In der Nacht vor der Abnahme hatte ich soviel starke Schlaftabletten geschluckt, dass ich mich fast, dieses Mal ganz unabsichtlich, ins Jenseits befördert hätte. Gleichzeitig legten sich beide Kinder mit Masern zu Bett. Die Krankheit trat bei beiden recht schwer auf. Du und ich hatten eine anstrengende Pflege. Alles ging dann aber unter in der Sorge um unsere und Ostpreußens nächste Zukunft, denn der russische Ansturm hatte von Neuem begonnen. Im Rundfunk interessierten nur noch die Wehrmachtsberichte, und nach jedem Wehrmachtsbericht war uns, als hätten wir bereits unser Todesurteil vernommen.

Auch die Ruhe unserer kleinen Stadt war endgültig dahin. Waren früher einzelne Flüchtlingszüge durchgekommen oder einige Einheiten der Wehrmacht, vor allem Pferde und nochmals Pferde, so begann jetzt schlagartig der größte und traurigste Flüchtlingszug, den die Weltgeschichte bisher vielleicht überhaupt erlebt hat. Tag und Nacht rollten die Züge, und Tag und Nacht rollten die Räder der Flüchtlingstrecks in unabsehbarer Folge gen Westen.

Traurig und unendlich rührend zugleich wirkten oft diese ärmlichen Leiterwagen, aus deren Inneren ganz vermummte Kinderköpfchen neugierig hervorsahen. Die an den Sprossen angebundenen Töpfe und Kannen klapperten lustig. Oft trottelten ein Schaf oder eine Kuh hinterher, die den Vorübergehenden in verständnisloser Anklage anzublicken schienen. Das waren meist diejenigen Wagen, die schon aus Russland oder den Oststaaten unterwegs waren. Später folgten dann ostpreußischen Trecks. Sie zeichneten sich oft durch stabilere Bauart und reichere Innenausstattung aus, das heißt, statt des Strohs saßen die Leute warm in Federbetten. Oft waren die Seitenwände der Wagen mit Brettern ausgeschlagen, darüber wölbte sich ein Dach, zum Teil war auch alles noch mit Läufern, den sogenannten Flickerdecken, verhängt, oder der ganze Aufbau war statt aus Holz aus Wellblech gearbeitet. Einige Trecks zeigten sogar Autoräder mit Gummibereifung.

Weißt du noch, wie wir in den ersten Tagen dieser Flucht oft am Fenster standen und weinten? Noch nie hatten wir in Wirklichkeit ähnlich Erschütterndes gesehen, nur der Film hatte in grausigen Kriegsbildern manchmal einen schwachen Abglanz dieser Wirklichkeit zeigen können. Dann begann auch die gesamte Wehrmacht, sich von Polen her westwärts abzusetzen. Auch sie zog in tage- und wochenlanger Folge vorüber.

Auffällig war es, dass die meisten Einheiten, die früher alle motorisiert waren, wie z. B. die Flak, jetzt auf Pferdewagen oder zu Fuß dahinzogen. Alle Soldatengesichter waren von verbissenem Ernst, und die Augen der Bauersfrauen, die meist selbst den Wagen lenkten, starrten mit einer leeren Härte in eine sehr ungewisse und sehr dunkle Ferne. Die Gesichter unter den dunklen Wolltüchern waren wie aus Holz geschnitzt.

Ich, die ich so gern auf Reisen gewesen, schätzte jetzt besonders meine Häuslichkeit. Wie aber musste es erst diesen Menschen zu Mute sein, die nie in ihrem Leben Heim und Scholle verlassen hatten, völlig unberührt von jeder Fernsehnsucht Genüge fanden im engsten Lebenskreis, und die nun Hof und Haus, Äcker und Vieh, ja oft die gesamte Lebensarbeit vieler Generationen für immer hinter sich lassen mussten? Du weißt es, Herzensmutter, nie, nie werden wir dieses dumpfe ununterbrochene Räderrollen vergessen, das uns zuletzt schon wie Meeresrauschen in den Schlaf wiegte, nie dieses Gefühl ohnmächtiger, herzzerreißender Wehmut, das uns jedes Mal beim Anblick der fliehenden Trecks beschlich.

Oft blieben die Kolonnen der verstopften Straßen wegen stundenlang stehen, dann gingen wir mit heißem Kaffee hinaus, oder Soldaten und Flüchtlinge kamen in buntem Wechsel zu uns, um sich in Küche und Zimmer auszuruhen und etwas Warmes zu kochen. Immer wieder drängte sich uns allen dabei die quälende Frage auf, wann wir wohl so weit sein würden. Jetzt noch mit Zügen mitzukommen, war so gut wie unmöglich. Die meisten kamen nur bis zum nächsten größeren Bahnknotenpunkt und mussten dort wieder umkehren. Da aber für unsere Stadt immer noch keine Evakuierung vorgesehen war, sondern nur einige schwangere Frauen auf Lastwagen fortgeschafft wurden, versuchten wir, mit Fahrzeugen der Wehrmacht weiterzukommen.

Aber auch dies war schon zu spät; denn inzwischen stauten sich die Einwohner dreier benachbarter Stadtkreise gerade in unserem Städtchen und wurden bis zum 26. Januar noch vor uns herausgebracht. Dann bestellte man uns auf das Landrats- und Finanzamt, zwei große Gebäude am Ausgang der Stadt. In der Ferne hörte man bereits die russische Artillerie. Mütter mit kleinen Kindern und alte Leute sollten bevorzugt befördert werden.

So warteten wir denn einen Tag und eine Nacht auf die versprochene Beförderung. Nach langem vergeblichen Warten zeigte sich ein lächerlich kleines, rotes Feuerwehrauto, das förmlich gestürmt wurde. Daraufhin zogen es die Meisten vor, sich auf die Chaussee zu begeben und entweder auf Heereslastkraftwagen zu warten oder zu Fuß mit Rodelschlitten weiter zu ziehen. Da aber draußen eisige Kälte und Schneesturm herrschten, schien uns dies für die Kinder und für euch eine Unmöglichkeit.

In der großen Halle im Erdgeschoss des Landratsamtes, wo wir unseren Sitz aufgeschlagen hatten, sah es traurig aus. Alte, Kranke, Lahme und Kinder hockten auf Treppenstufen, Körben und Säcken herum, und Mütter versuchten, wimmernde Säuglinge zu beschwichtigen. In der Mitte des Raumes waren Matratzen ausgebreitet, auf denen vier masernkranke, hochfiebernde Kinder lagen. Die Mutter, selbst schon halbwegs von Sinnen, raste wie ein gereizter Löwe im Käfig auf und ab, hielt jede Helferin der Frauenschaft, jedes Parteimitglied an und beschwor sie, am ganzen Körper zitternd, doch endlich einen Wagen für ihre Familie bereitzustellen.

Während nun die Artillerie bald stärker, bald schwächer herübergrollte und ein Treffer bereits die Fensterscheiben eindrückte, während Partei, Landrat, Frauenschaft und Behörden längst in aller Stille das Weite gesucht hatten, saßen wir immer noch und warteten auf die versprochene Beförderung. Nur ein einziger Parteimann stand als geborstene Säule schlotternd auf dem Plan und suchte sich vor dem Ansturm der Fragen durch unverschämtes Anbrüllen der Leute zu retten. Sonst hieß es immer, die früheren Fluchtversuche ließen nur eine Panik unter der übrigen Bevölkerung entstehen, im rechten Moment werde die Partei selbstverständlich alle notwendigen Maßnahmen ergreifen. Plötzlich gab man die Parole aus, jeder solle tun, was er für richtig halte.

So zogen denn bei Anbruch der zweiten Nacht viele Flüchtlinge mit Schlitten, Koffern, Betten, Kindern, Kranken und Hunden zu Fuß über die tiefverschneite Landstraße. Statt der Partei waren Soldaten in die Behördenhäuser eingezogen. Sie schickten sich an, ihre Artillerie im Park des Landratsamtes einzubauen. Die meisten hatten zu viel Schnaps getrunken und waren daher in eine Wolke von rosigstem Optimismus gehüllt, unsere Stadt bestimmt zu halten. Was sollten wir noch dort? Befördert wurden wir bestimmt nicht mehr, zu Fuß auf die Landstraße wollten wir auf keinen Fall. Die großen Gebäude boten stets das erste und sicherste Ziel des Feindes, also trotteten wir wieder nach Hause zurück. Das war an einem Sonnabend, in der Nacht vom 27. zum 28. Januar.

Zu Hause fanden wir die verschlossenen Türen alle aufgebrochen, in der angenehm durchwärmten Küche prasselte ein lustiges Herdfeuer, in der Pfanne schmorten Rauchfleisch und Bratkartoffeln, und am Küchentisch bei Kerzenbeleuchtung saß ein Hauptmann vom Volkssturm über eine Landkarte gebeugt, zusammen mit einigen Kameraden. Wir wurden sehr freundlich begrüßt und aufgenommen und behielten uns das Schlafzimmer als Wohnraum vor. In der Nacht gab es dann in unserem Haus ein eiliges Gehen und Kommen immer neuer Soldaten, bis in den Morgenstunden auch die letzten abrückten. Wir erfuhren, dass die Russen bereits in der Nacht einen Angriff unternommen hatten, der aber abgeschlagen worden war. Wir lagen angezogen auf den Betten, die Koffer gepackt neben uns. Bei jedem Soldatentritt, der durch die Wohnung hallte, fuhr ich auf, und mir war jedes Mal, als würgte mich jemand am Halse. „Jetzt, jetzt", dachte ich mit Entsetzen, „jetzt würde gleich eine entfesselte Soldateska hereinstürmen und sich auf uns stürzen." Am Morgen, als die letzten deutschen Soldaten abzogen, wünschten sie uns alles Gute und meinten, auch sie hielten es für das Vernünftigste, dazubleiben.

Inzwischen gab es kein Licht, kein Gas und kein Wasser mehr. Die Straße lag wie ausgestorben, nur herrenlose Hunde begehrten Einlass. Wie sehr habe ich dich in diesen Tagen und letzten Stunden bewundert, Herzensmutter! Während ich wie im Traum umherging, unfähig, den Forderungen des Alltags noch gerecht zu werden, hast du bis zum letzten Augenblick, äußerlich ganz ruhig, gewirtschaftet, geheizt, gekocht, als lebten wir noch im tiefsten Frieden. Armer Papa! Seine Nerven hielten dem immer stärker werdenden feindlichen Artilleriebeschuss nicht mehr stand. Als die Fensterscheiben zersprangen und die Kugeln immer näher vorbeisausten, bekam er Schreikrämpfe. Das war der eigentliche Grund, dass wir plötzlich im blitzschnellen Entschluss die Kinder fertig machten, Rucksäcke und Handtaschen ergriffen, und so, wie wir gingen und standen, auf die Straße liefen. Draußen pfiffen uns die Kugeln nur so um die Ohren; einmal glaubte ich, das Gehör verloren zu haben, so dicht hatte mich eine gestreift. Wir schlugen die Richtung nach dem Kleinbahnhof ein, um von dort aus nun doch noch den Weg zu gehen, den schon gestern Nacht so viele gewandert waren. Aber schon nach drei Minuten kamen uns zwei Soldaten entgegen, die einen Verwundeten trugen, und winkten heftig ab. „Sie können unmöglich in dieser Richtung weitergehen", schrie uns der eine zu, „die Russen schießen ja schon von der Gasanstalt." Nun lag die Gasanstalt nur sieben Minuten von unserem Haus entfernt. „Ja, wo sollen wir denn hin?", schrie ich zurück. Er zeigte mit der Hand nach der entgegengesetzten Richtung. Dort führte nur ein dicht verschneiter Feldweg zu einem drei km weit entfernten Gut.

Ein Dorf war nicht in der Nähe. Wir standen unschlüssig im Schneesturm, sahen verzweifelt auf die weinenden Kinder und den tiefen Schnee, der uns das Fahren des Kinderwagens zur Qual machte. Die schwere Artillerie ballerte so laut, dass man kaum sein eigenes Wort verstand, dazwischen platzte wie Hohngelächter das leichte Taktak der Maschinengewehre. „Ach, kehren wir doch lieber um!", schrie ich mit verzweifelter Wut, „ehe wir alle auf der Landstraße verrecken, können wir auch lieber zu Hause sterben." Der Soldat tippte an seine Stirn und zeigte dann nochmals mit dem gleichen Finger eindringlich in die gleiche Richtung. Du, Liebes, meintest daraufhin rasch: „Nun kommt schon, damit wir erst einmal aus der Schusslinie herauskommen, später können wir dann immer noch wieder zurück."

Von Sensburg Richtung Ostsee

So zogen wir dann los, der kreischende kleine Olaf stand aufrecht im Wagen und hatte sich schon nach wenigen Minuten Hände und Gesicht angefroren. Der vierjährige Axel, Werners Liebling, war sehr vernünftig, da ich ihm immer erzählt hatte, nur die deutsche Artillerie machte eine Schießübung! Wir zerrten keuchend die Wagen durch den tiefen Schnee und waren trotz der Kälte in Schweiß gebadet. Im Stillen dachte jeder von uns, dieser 28. Januar wäre unser aller Sterbetag. In mir bohrte ständig nur die eine Sorge: Wenn nun das Gutshaus verlassen und die Türen verschlossen waren, dann fielen wir doch den Russen in die Hände oder mussten draußen erfrieren. So atmete ich erlöst auf, als wir um die Ecke bogen und aus dem Schornstein des Hauses Rauch aufsteigen sahen.

Wie sich bald herausstellte, hatte sich der Stab eines deutschen Artillerieregiments dort einquartiert. Die Soldaten waren reizend zu uns, besonders zu den Kindern und auch die Offiziere von großem Entgegenkommen. Sie nahmen uns sogar mit ins Stabszimmer, von wo aus die Schlacht um unsere Stadt gelenkt wurde. Wir erhielten ein reichliches Frühstück, die Kinder außerdem Bonbons und Schokolade, sie wanderten von einem Onkel zum anderen, dem kleinen Olaf wurden die erfrorenen Händchen mit Schnee eingerieben, und beide waren selig. Auch uns überkam nach den letzten Stunden der furchtbaren Aufregungen und Strapazen direkt ein Gefühl glücklicher Geborgenheit, obwohl die durchgegebenen Berichte nicht allzu rosig zu sein schienen!

Hier „Waldteufel“: „Einige russische Panzer stoßen zum Hauptbahnhof vor, einer davon wurde soeben abgeschossen.“ „Gewehrhammer“ ans Telefon! „Monika“ meldet: „Eine russische Einheit von ca. 150 Mann Stärke hat sich in den Baracken der alten Badeanstalt am Junosee festgesetzt und versucht, von dort aus den Südrand der Stadt unter Feuer zu nehmen.“

So lange waren mir die eintreffenden Meldungen und Gegenbefehle nur halb begriffen am Ohr vorübergerauscht, da ich immer eine Störung durch die Kinder befürchtete. Bei der letzten Meldung fuhr ich auf. Anscheinend war ich dazu verdammt, aber auch alles falsch zu machen! Wie oft hatte ich im Sommer im Junosee gebadet! Wie ·oft hatte ich mir vorgestellt, die Russen würden eines Tages unverhofft die Stadt stürmen, und jedes Mal war mir dabei der Gedanke gekommen, dass man dann vielleicht nirgends sicherer wäre als in den alten Baracken dieser Badeanstalt!

Unwahrscheinlich und traumhaft dünkten uns diese fast glücklichen Stunden. die wir in dem zum Stabszimmer umgewandelten Wohnraum des alten Gutshauses verbrachten. Ein älterer unverheirateter Oberleutnant nahm sich unserer aller ganz besonders herzlich an. Er war es auch, der uns riet, vorläufig bei dem hiesigen Regiment zu bleiben, da das Flüchtlingselend zurzeit groß wäre und viele Trecks sicher dem Feind in Hände fielen. Die Kinder nannte er bald seine Kompaniekinder und sagte, es wäre eine Selbstverständlichkeit, sie vor allen Gefahren zu beschützen.

Papa bekam sofort einen dicken Fahrpelz, und auch später hat es Oberleutnant Förster fast nie versäumt, sich zu erkundigen, ob man auch für Verpflegung und Quartier für uns gesorgt hätte. Dabei entsprachen sein Dienst und seine Verantwortung oft der eines Majors, und die Sorge mag ihn bei den zunehmenden deutschen Misserfolgen manchmal fast erdrückt haben. Trotzdem blieb er sich immer gleich in seiner Kameradschaft und Menschlichkeit im besten Sinne des Wortes. „Der ist richtig“, sagten die Soldaten von ihm, die von den Offizieren im Allgemeinen nur mit Hass sprachen.

Später habe ich noch oft in herzlicher Dankbarkeit an Oberleutnant Förster denken müssen, besonders wenn ich auf der weiteren Flucht soviel Härte und Egoismus kennen lernen musste. Er war es dann auch, der uns nachmittags, als unsere Stadt bereits in Feindeshand gefallen war, im Schlitten zu seinem Tross bringen 1ieß. Damit begann für uns, immer nur drei km von der Hauptkampflinie entfernt, ein uns bisher gänzlich fremdes Wander- und Soldatenleben.

Die erste Nacht verbrachten wir in einem Bauernhaus. Ich musste immer zu dir herübersehen, Liebes, wie du dich da zwischen die vielen Soldaten auf die Erde neben einen großen Hund gelegt hattest. Wir alle kannten dich immer nur peinlich sauber und gepflegt, gut frisiert und fertig angezogen, vom frühesten Morgen an. In diesen Tagen sollte ich es auch an dir erleben, wie schnell der Mensch äußerlich herunterkommt.

Weiter mit dem Schmiedewagen

Eigentlich sollten wir zwei bis drei Tage hier bleiben, aber schon nach zwei Stunden Ruhe wurden wir zum Aufbruch getrieben, ein Zeichen, dass die Russen uns bereits dicht auf den Fersen waren. An das Dröhnen der Artillerie hatten wir uns inzwischen gewöhnt, ja, im Laufe der folgenden beiden Wochen wurden wir direkt unruhig, wenn es einmal still blieb. So wurden denn also die Kinder in überstürzter Hast aus dem Schlaf gerissen, und hinaus ging es wieder in die kalte Winternacht. Du und Papa, ihr Armen musstet die ganze Fahrt immer auf offenem Schlitten machen, während man die Kinder und mich in den sogenannten Schmiedewagen steckte, da dies der einzige geschlossene Wagen war, den der Tross aufwies.

Es war ein grün angestrichener, fensterloser Holzwagen, durch eine Schiebetür von außen zu öffnen, in dem die Schmiede ihr Handwerkszeug aufbewahrten. Die Seitenwände waren vollgepfropft mit Tornistern, Aktentaschen und unseren Rucksäcken. Der freie Raum in der Mitte sollte uns in den nächsten zehn Tagen nun als Ess-, Wohn- und Schlafgemach dienen. Ich hatte aus dem verlassenen Bauernhaus noch schnell einige Federbetten genommen, damit ich die Kinder gut einpacken konnte. Dank dieser Betten und bester Verpflegung überstanden beide die endlosen Tag- und Nachtfahrten vorzüglich. Nur für mich war eigentlich kein Platz mehr im Schmiedewagen. Ich wusste schon nach einer Stunde nicht mehr, wie ich sitzen sollte. Bald bekam ich einen Krampf im Bein, bald schlief mir der Arm ein, bald wurde mir der Amboss, auf dem ich meistens sitzen musste, zum Marterstuhl. Schlafen konnte ich in derartig unbequemer Stellung kaum. Außerdem sah ich des Nachts etwa fünfzig Mal nach, ob die schlafenden Kinder noch nicht erfroren wären. Meist aber waren sie ganz warm.

Das Schlimmste aber war, dass ich die schwere Tür nicht von innen auf bekam. Anfangs brannte noch eine Stalllaterne. Verlöschte diese, dann war es ganz finster, nur das Stampfen der Pferde, der Tritt der marschierenden Soldaten, verworrene Laute und nahes oder fernes Geschützgrollen schlugen an mein Ohr. Oft hielt die Kolonne stundenlang im Wald oder auf offener Chaussee. Mit aufgepeitschten Nerven und klopfendem Herzen saß ich in einem Gefängnis und suchte die Ursache des langen Wartens zu ergründen. Bald hatte ich es mit gutem Kombinationsvermögen zur Meisterschaft gebracht, das heißt, ich erriet aus den aufgefangenen Geräuschen und Gesprächsfetzen meist richtig, ob es sich nur um eine Verstopfung der Straßen handelte, ob um Bomben oder Tieffliegerangriffe oder ob wir, wie das auch einige Male geschah, von den Russen eingekesselt waren und erst von unseren Panzern freigekämpft werden mussten.

Oft bekam ich des Nachts Beängstigungen, ich hatte das Gefühl, die Wände müssten mich erdrücken, ich müsste ersticken oder zerquetscht werden und fürchtete im Ernst, ich würde in Kürze einen Tobsuchtsanfall bekommen. Manchmal malte ich mir aus, wie es sein müsste, wenn man vielleicht bei einer überstürzten Flucht den Schmiedewagen stehen ließe und uns vergäße, oder wenn wir, durch Fremdeinwirkung verwundet, auch nur einige Stunden hier liegen müssten. Auch sonst wurde unser Logis immer ungemütlicher, je länger wir unterwegs waren. Mehrere Tage und Nächte mussten wir ja mit den schmutzigen Stiefeln in den Wagen steigen, so dass die ursprünglich sauber bezogenen Decken schon vor Dreck starrten und immer feuchter wurden.

„Da kommt ein grüner Wagen, heißa, der soll mich tragen!" Dieser Vers aus Axels Bilderbuch kam mir plötzlich in den Sinn, als ich wieder einmal die öde Landstraße entlangtrottete, während der Schmiedewagen mit den beiden Kindern langsam vor mir herrollte. Da zogen sie nun alle vorbei, die inzwischen mir bereits wohlbekannten Fahrzeuge unserer Stabskompanie, die „Schreibstube", der Verpflegungswagen, die Heuwagen für die Pferde, die Schlitten usw. Die meisten Soldaten marschierten zu Fuß nebenher. Über uns spannte sich ein trüber, niedriger Februarhimmel. Zu beiden Seiten der schlechten Straße lag, so weit der Blick auch reichte, kahles Ackerland. Zwischen den Furchen hatten sich schmutzige Schneeklumpen breitgemacht. Vergebens suchte das Auge nach einem belebenden, erfreulicheren Anblick. Nur ein windgebeugter, kahler Baum, der schwarz und einsam wie ein Galgen in den Himmel ragte, unterbrach ab und zu die trostlose Monotonie der Landschaft. Natürlich fehlten auch die krächzenden Krähen und der übliche Geschützdonner nicht, um diesen frühen Wintertag noch unerfreulicher erscheinen zu lassen. Ich strich mit der Hand über die Stirn. Das „quo vadis" stand wie eine höhnische Frage groß und zwingend vor meinen inneren Augen. Ja, wohin gingen wir denn eigentlich alle? War das nicht schon Russland oder war's noch Deutschland? Das Deutschland, das wir kannten, war es jedenfalls nicht mehr.

Ich kam mir unendlich einsam vor, wie ein Blatt, das, vom Winde verweht, noch eine Weile hin und her taumelt, bis es irgendwo in der Gosse liegen bleibt. Eine dumpfe Ahnung war schon in mir, dass ich auch euch demnächst verlieren würde. Da vorn die ruhig schlafenden Kinder im grünen Schmiedewagen waren der einzige Halt, um den mein Dasein noch kreiste. Würden sie mir erhalten bleiben, würde ich sie retten können oder würden wir nicht doch letzten Endes alle dem Hunger oder den Kriegsschrecken zum Opfer fallen?

„Heute ist mein Hochzeitstag“, sagte plötzlich der Obergefreite Schmitz aus Aachen neben mir. Wir schwiegen wieder eine ganze Weile, jedes Wort schien uns überflüssig. Später erzählte er dann von seiner Schmiede im Rheinland und von seiner jungen Frau, mit der er noch kaum zusammen gewesen war.

Ich hatte in dieser Zeit oft Gelegenheit, mich mit Soldaten zu unterhalten. Jeder war lange ohne Nachricht von seinen Angehörigen und bangte um deren Leben und Wohlergehen. Auch die soldatische Stimmung lag bei dem größten Teil der Truppe bereits unter dem Nullpunkt. Etwa 10 %, meist die Jüngsten, glaubten noch an einen Sieg, 50 % taten ohne Hoffnung und ohne Begeisterung verbissen ihre Pflicht, weil sich dies nun einmal für einen anständigen Menschen so gehörte, 40 % dagegen waren schon mehr oder minder aufsässig. Sie hielten schlechte Disziplin, schimpften in hemmungslosem Hass auf alle Offiziere und Vorgesetzte und sprachen zum Teil ganz offen darüber, dass sie, wenn es zum Einsatz käme, bei der großen Übermacht der Feinde ja doch nur Kanonenfutter wären und was in ihren Kräften stand, tun würden, um ihr Leben für ihre Angehörigen zu erhalten.

Wiederum gab es aber doch noch eine ganze Menge, die sich über die dauernden Absetzbewegungen sehr kränkte und sehnlichst wünschte, dem Feind einmal gegenüberzustehen. Im Allgemeinen war jedoch von dem überraschend guten Kampfgeist und der vorbildlichen Moral der Truppe, die immer in den Zeitungen verkündet wurden, bei diesem Regiment wenigstens, nicht viel zu spüren.

Wie oft hatte ich bei Werners ziemlich spärlichen Berichten traurig den Kopf geschüttelt. Ich konnte mir danach gar kein Bild von der Frontnähe machen, ebenso unbefriedigt ließ mich die Wochenschau, und so war nun mein brennendster Wunsch in Erfüllung gegangen, einmal aus eigener Anschauung die Frontnähe kennenzulernen. Aber wie enttäuscht war ich und wie wenig konnte ich es den Soldaten verdenken, besonders da wir schon im sechsten Kriegsjahr standen, dass sie keine Begeisterung mehr aufbringen konnten. Das war kein frisch-fröhlicher Kampf mehr, kein Vorwärtsstürmen, kein Beutemachen, auch keine heldenhafte Verteidigung einer Stellung bis zum letzten Mann, das war nur ein müdes stumpfsinniges Dahinwandern in endlosen Gewaltmärschen, bei denen man monatelang nicht mehr aus den Kleidern kam und im günstigsten Falle zur Nacht ein Strohlager in einer Scheune fand.

Manchmal musste man Tieflieger oder Bombenangriffe über sich ergehen lassen. Der einzige Gedanke, der unser aller Gemüter schließlich nur noch bewegen konnte, war die Aussicht auf ein Quartier. Meist hielt man uns von einem Tag zum andern damit hin, und wenn es glücklich so weit war, mussten wir ganz gegen alle vorherigen Versprechungen schon nach einigen Stunden wieder fort. Wir kamen ja immer in ein Bauernhaus, und die Kinder hatten meist sogar ein Bett, wenn`s auch im Stabszimmer war und ich vor Angst beinah verging, dass sie zu sehr störten. Aber dieser überstürzte Aufbruch, das Herausreißen aus dem Schlaf waren jedes Mal für mich eine fürchterliche Nervenprobe.

Zum Unglück ließen wir in der Verwirrung auch noch etwas von unseren wenigen Habseligkeiten liegen, die alle eigentlich unentbehrlich waren, z. B. Handschuhe, Schals, Kinderstrümpfe, Zahnbürsten, Kämme usw.

Ein altes Sprichwort lehrt bekanntlich: „Was dem einen sein Uhl, ist dem andern sein Nachtigall". So fühlten sich die Kinder denn sehr wohl. Bei diesem Leben im Wagen saßen sie warm und bequem, außerdem bildete sich Axel ein, da es im Wagen dunkel war, könnten ihn auch die Flieger nicht sehen und folglich auch keine Bomben in den Wagen werfen. So war er unterwegs nie zu bewegen auszusteigen. Wenn wir endlich im Quartier, um die militärischen

Besprechungen nicht zu stören, einen Besuch draußen im Lager machten, so wurden wir überall freundlich eingeladen anzuhalten. Die Kompaniekinder bekamen wieder Bonbons und Schokolade in die Hand gedrückt oder wir durften Kostproben von frisch gebratenem Fleisch entgegennehmen.

Zu unserem Wagen gehörten zwei Schmiede, der eine war Obergefreiter Kramann aus Memel und der andere hieß, wie gesagt, Schmitz und war Rheinländer. Kramann zeigte sich wenig erbaut über die Invasion im Schmiedewagen; er fluchte manchmal mörderisch, wenn er seine Werkzeuge im Wagen vergebens suchte oder nicht vorziehen konnte. Auch sonst war er reichlich unfreundlich und kurz angebunden und ließ uns oft fühlen, wie sehr wir ihm im Wege waren.

Während Kramann kutschierte, ging Schmitz meist neben dem Wagen her. Er war ein lieber Mensch, der ein Herz für Kinder hatte. Nach den ersten Tagen fasste ich Mut, erzählte ihm von meinen Angstgefühlen des Nachts in dem engen Wagen und bat ihn, doch öfters nachzusehen, ob wir noch lebten. Das tat er dann auch mit rührender Gewissenhaftigkeit, ab und zu gab er ungefragt einen Bericht zur Lage oder hob die Kinder aus dem Wagen, so dass ich mich von nun an etwas leichter fühlte. Sonst ist mir von den vielen Soldaten, die täglich unsern Weg kreuzten, aus dieser Zeit nur noch der Obergefreite Sander in deutlicher Erinnerung.

Er war Schwabe, und da ich vor einigen Jahren einmal eine Fahrt nach Urach und dem Bodensee unternommen hatte, so tauschten wir manche gemeinsamen Erinnerungen. Er war sehr zurückhaltend, über sein Privatleben wusste ich nach wie vor nichts, das Soldatenleben schien für ihn eine dauernde Qual zu sein. Doch war er immer hilfsbereit und auch um Papa sehr besorgt, bildete oft den Vermittler zwischen uns und den Eltern, trug die Kinder, wenn wir ins Quartier kamen, und versorgte uns vorbildlich mit

Honig, Büchsenfleisch und Knäckebrot. „Einer muss sich doch kümmern“, sagte er schlicht, als ich ihm beim Abschied herzlich danken wollte; er war der geborene Gentleman im besten Sinne des Wortes, und so hatte ich ihn heimlich den „letzten Ritter“ getauft.

Eines Nachts wanderte ich bei 20 Grad Kälte viele Stunden neben dem Wagen her. Das ganze Regiment war unterwegs, so mussten die Wagen wieder oft stundenlang auf der Chaussee warten. Dann wurde auf dem Acker ein Feuer angemacht, und ich lief hin, um Hände und Füße ein wenig zu wärmen, immer in Angst, der Wagen mit den Kindern könnte unvermutet weiterfahren. Auch dich, mein Herz, sah ich in dieser Nacht auf dem Schlitten sitzen. „Ich muss mich jetzt immer ein wenig ausruhen“, meintest du, „aber einschlafen darf ich nicht, sonst würde ich erfrieren.“ Und weißt du, dass ich, wenn ich so todmüde, aber schlaflos durch die Nacht fahre, jetzt oft eine Fata Morgana sehe?

Kleine hübsche Häuser mit ganz bunten Dächern, grün und rot, gelb und blau. Aber, um eben nicht zu erfrieren, gingst du oft lange Strecken hinter dem Schlitten her. Ich sehe dich noch erschreckend deutlich, wie du eines Tages, als der Wagen plötzlich schneller fuhr, keuchend hinterherranntest. Dein guter Innenpelz war fleckig und mit Suppe begossen, du straucheltest, fielst hin, rafftest dich sofort wieder auf und liefst weiter, während Papa, in seinen eigenen und den dicken Fahrpelz des Oberleutnants gehüllt, wie leblos Tag und Nacht auf seinem Sitz verharrte. Mich packte bei euerm Anblick heftigstes Mitleid und zugleich eine zornige Trauer, dass ich euch so gar nicht helfen konnte. Doch hatte ich ja mit mir und den Kindern vollauf Tag und Nacht zu tun.

In den langen Nächten im Schmiedewagen erschien mir auch manchmal eine Fata Morgana, d. h., es waren durchaus keine paradiesischen Wochenendhäuser, die vor mir auftauchten. Nein, es war immer das gleiche todtraurige Bild. Ich sah eine Reihe einfacher Soldaten, in schlichten grauen Mänteln, den Stahlhelm auf dem Kopf. Sie saßen mit gesenktem Haupt, in müder trauriger Haltung, das Gewehr zwischen den Knien, ähnlich etwa gewissen Steinfiguren, die manchmal unsere Kriegerdenkmäler schmücken.

Oft dehnten sich die Nachtstunden endlos, und das Sitzen zwischen den grünen Wänden erschien mir unerträglich. Dann gingen die Nerven oft mit mir durch, und ich schrie und weinte laut: „Lieber Gott, ich ertrag's nicht länger, nein, nein, das ist nicht mehr auszuhalten." Ich hätte das nie tun dürfen, denn als ich Axel später einmal fragte, warum er jetzt immer so traurig wäre, meinte er: „Mutti, seit du auf der Flucht so oft geschrien hast: ‚Ich ertrag's nicht mehr', habe ich mir die Traurigkeit von dir angewöhnt."

Die Fußmärsche, für andere eine Pein, waren für mich eine Erlösung. Leider musste ich meist mit im Wagen fahren, der schlechten Straßen wegen. Dann nämlich holperte, stieß und wankte der Schmiedewagen ganz entsetzlich, oft war er auch nah am Umkippen, und ich saß derweil wie der betende Moses mit hoch erhobenen Händen und versuchte krampfhaft, die schweren Rucksäcke und Gepäckstücke festzuhalten, die den Kindern sonst unweigerlich auf den Kopf gefallen wären.

Eines Nachts mussten wir eine unglaublich schlechte Strecke fahren, es ging nur über Geröll und Sturzacker. Dazu regnete es seit Tagen, so dass der hohe Schnee, der vorher gefallen war, alles überschwemmte. Der Wagen schwankte immer heftiger, ich konnte das Gepäck kaum noch halten, dazu hörte es sich an, als gingen die Pferde durch einen Fluss. Mir schlug das Herz bis zum Halse, da ich mich jeden Augenblick darauf gefasst machen musste, dass der Wagen ins Wasser kippen würde. Da hörte ich eine helle Frauenstimme rufen: „Mein Gott, sitzt da etwa immer noch die Frau mit den beiden Kindern drin? Lieber Tag und Nacht bis an die Knie im Wasser waten, als da eingesperrt zu sein." „Ja, kleine Kinder können aber nicht bis an die Knie im Wasser waten", antwortete eine Stimme, die wohl dem Obergefreiten Schmitz gehörte. So betete ich denn während dieser Wochen oft laut und verzweifelt: „Lieber Gott, du schickst so viele Tiefflieger und so viele Bomben, warum lässt du uns immer noch leben? Habe Mitleid, lieber Gott, und lass uns doch alle drei bald bei Werner sein." Dazwischen fiel mir nur immer das Gebet der Thekla aus dem Wallenstein ein: „Du Heilige, nimm dein Kind zurück, ich habe genossen das irdische Glück, ich habe gelebt und geliebet."

Nun, Gott wollte es anders, und im Grunde meines Herzens war ich auch darauf gefasst. Ich hatte schon immer das Gefühl gehabt, dass Gott nach einem so umsorgten, viel beneideten Leben, wie ich es führte, eine starke Bewährungsprobe von mir verlangen würde. Diese hatte mit Werners Tod begonnen, und anscheinend sollten wir den Kelch bis zur Neige trinken.

Papa stirbt auf der Flucht

Schon am dritten Tag unserer Flucht machte uns Papa die allergrößten Sorgen, da sich bei ihm durch die langen Fahrten bei scharfer Kälte auf offenem Schlitten ein altes Leiden wieder bemerkbar machte. Sein Zustand verschlimmerte sich in den nächsten Tagen zusehends, bis er zwei Stationen vor Heilsberg dann nicht mehr weiter kam. Er war so schwach, dass er weder gehen noch stehen und kaum mehr sprechen konnte. Der Regimentsarzt war unabkömmlich, weil das Regiment gerade jetzt große Verluste gehabt hatte, und der Sanitäter konnte ihm nicht helfen.

Zu unserem Entsetzen hatten wir ihn auch noch tagsüber aus den Augen verloren, was an sich bei den Tausenden von Fahrzeugen und dem Durcheinander der Wagen und Schlitten nicht verwunderlich war. Schließlich, nachdem du, armes Herz, schon fast von Sinnen vor Angst warst, du könntest ihn nicht mehr wiedersehen, fanden wir ihn in einer Scheune, wo ihm jemand Kaffee gegeben hatte, zusammengekauert sitzen.

Wir brachten ihn in das Dorfgasthaus in die sogenannte Krankenstube. In dem Raum befanden sich nur zwei Betten, auf denen soeben vom Einsatz zurückgekehrte Frontkämpfer in tiefster Erschöpfung lagen. Sonst war nur schmutziges Stroh auf die Erde geworfen, worin Verwundete, Kranke, alte Leute und kleine Kinder der Enge wegen schon mehr aufeinander als nebeneinander lagen. Ein Frontkämpfer musste auf Befehl des Sanitäters ein Bett für Papa räumen, der in Pelz und Stiefeln stöhnend auf die Matratze sank und vor Erschöpfung gleich einschlief.

Die Soldaten hatten nur widerwillig Platz gemacht und fluchten böse auf die „verdammten Zivilisten", die ihnen nicht einmal nach dem Kampf Ruhe ließen. Sie wurden wiederum aufs heftigste von dem Sanitäter zurechtgewiesen. Ich selbst, sehr peinlich berührt durch diesen Zwischenfall, stand wie auf Kohlen, denn die Kinder lagen bereits seit einiger Zeit wieder im Schmiedewagen, und mich packte eine furchtbare Unruhe, das Regiment könnte abrücken und die Kinder ohne mich weiterfahren.

So beugte ich mich dicht zu Papa hinunter: „Ja, lieber Opapa, ich muss nun wieder zu den Kindern!" „Aber selbstverständlich", nickte er eifrig. „Ach, und was soll ich dir nun zum Abschied wünschen?", fragte ich zaghaft. „Nur das Ende, ein baldiges Ende", flüsterte Papa mit ganz schwacher Stimme, „du glaubst gar nicht, wie gleich mir jetzt die Russen und der Krieg sind, ich wünsche mir nur den Tod."

„Nein, nein", riefst du, „das sollst du ihm nicht zum Abschied sagen." Ich war ein wenig verwundert, denn was konnte es in diesem Falle für einen 74-Jährigen Schöneres geben, wünschte ich mir doch sogar schon lange nichts anderes mehr. So murmelte ich denn zögernd: „Auf Wiedersehen, Papa, man muss immer noch hoffen."

Er war schon wieder halb eingeschlafen, und du, mein Liebes, konntest mich noch bis zum Schmiedewagen begleiten. „Ach, mein Herz", sagte ich unterwegs zu dir, „was ist das doch für eine furchtbare Tragödie, die wir nun alle erleben müssen! Papa war ein Sonntagskind, und sein Leben war wirklich dementsprechend glücklich, behütet und geborgen. Und nun muss er auf der Flucht in diesem Elendsquartier wie ein Tier verenden! Weißt du, ich habe früher nie so recht den Sinn der alten Volksliedworte begriffen: ‚Sie sind verdorben, gestorben.' Jetzt erst erfasse ich ihn bis ins Letzte."

„Ja, Kind“, gabst du ruhig zur Antwort, klaglos und stark, wie ich dich immer in Zeiten großer Gefahr gefunden hatte. „Mein Platz ist nun bei Papa. Ich bleibe hier bei ihm, gleich was kommen mag. dir würde ich raten, dich sobald wie möglich vom Regiment zu trennen und dich lieber den Flüchtlingen anzuschließen.“ Dann folgte ein kurzer, fast kühler Abschied. Keiner wollte wohl dem andern das Herz noch schwerer machen, und jeder hatte wahrscheinlich seine Gedanken schon wieder auf die nächsten Stunden gerichtet.

Ob es unsere letzte Begegnung in diesem Leben war? Der Oberleutnant erzählte mir später, dass schon zwei Tage nach unserem Abrücken die Russen in dieses Dorf eingezogen wären. Damit war für mich der Vorhang in diesem Drama gefallen. Aber wie viele quälende Fragen bleiben noch offen! Ich glaube oft, dass ich in diesem Leben keine Antwort darauf finden werde. Dann soll dieses Buch ein letzter, lieber Gruß an dich sein.

Nun war es also Wirklichkeit geworden, was ich schon an jenem trüben Februarmorgen vorhergeahnt hatte. Ich taumelte jetzt tatsächlich ganz allein durchs Leben wie ein losgelöstes Blatt im Sturm, und mir war, als hätte mich jemand in einen brüllenden Ozean geworfen und höhnisch gerufen: „Nun schwimm!“

Weiter westwärts

Gottlob ließen mir zunächst die Kinder, die ständige Frontnähe, das Wanderleben und überhaupt die ganze Unruhe dieser Zeit keine Muße zum Nachdenken. Ich setzte das Leben mit unserer Stabskompanie auch nur noch einige Tage fort. Auf der Heilsberger Rollbahn wurden wir besonders stark von Tieffliegern und Bomben angegriffen; wo man hinsah, traf das Auge auf Bombentrichter und tote Pferde.

Einmal wurde uns in der Dachstube eines Bauernhauses ein Quartier angewiesen, das völlig überfüllt war von Flüchtlingen. Die Leute waren so verbittert und so unsagbar unfreundlich, dass sie nicht einmal einigen todmüden Frontkämpfern erlaubten, sich in dem Zimmer auszuruhen. Ein Kind lag mit Brechdurchfall zu Bett, ohne dass jemand es für nötig hielt, das arme Wesen zu säubern. Wahrscheinlich waren keine Sachen zum Wechseln mehr da. Ein kleines Mädchen, jämmerlich elend anzusehen, hatte einen heftigen, typischen Lungenhusten.

Ich ging zunächst ans Fenster, um es zu öffnen, denn die Luft in diesem Raum hatte mich schon in den ersten fünf Minuten sterbenselend gemacht. Da stürzte eine Frau auf mich zu und hielt mich am Arm zurück. „Nicht aufmachen“, schrie sie wütend, „ich friere immer so schrecklich“, und dann bekam sie einen kleinen Nervenzusammenbruch, weinte hemmungslos, klammerte sich an mich und bat immer wieder, ich sollte sie nur nicht allein lassen. Das Fenster blieb also zu, ich streichelte und beruhigte die Frau und fand mich wohl oder übel mit meinem Los ab, die Nacht in diesem entsetzlichen Raum zu verbringen. Nachts verlor ich dann meinerseits fast die Nerven, als Sander erschien und sagte, wir sollten uns fertig machen.

Es war stockfinster, ich hatte kein Streichholz und fand nicht die Sachen der Kinder. Um zur Tür hinauszukommen, traten wir den Leuten, die überall herumlagen, auf Köpfe und Beine, und als wir dann glücklich im Besitz einer brennenden Kerze waren, verlöschte diese sogleich wieder auf dem zugigen Boden. Wie wir die halsbrecherische Bodentreppe hinunter und durch den tiefen Schlamm zum Nachbarhaus gelangten, wo die Kompanie inzwischen zum Aufbruch bereit stand, weiß ich selbst nicht mehr.

Jedenfalls war die Stimmung aller mal wieder äußerst gereizt. Eine Granate hatte in den Hof eingeschlagen und den Feldwebel getötet, zwei stöhnende Verwundete wurden noch im Stabszimmer verbunden. Bei solchen Gelegenheiten dachte ich immer geradezu enttäuscht: „Warum hat es wieder nicht uns getroffen?“

Ende der Fahrt mit dem Schmiedewagen und weiter Richtung Frisches Haff

In Raunau, einem Dorf zwischen Heilsberg und Mehlsack, wo wir ausnahmsweise länger bleiben sollten, erzählte mir Schmitz, dass seine Division nun auch in Kürze zum Einsatz käme, und riet mir, bei der benachbarten Kraftfahrdivision nachzufragen, ob hier nicht eine Möglichkeit bestünde, in eine weiter von der Front entfernte Ortschaft zu gelangen. Es klappte! Noch am gleichen Abend brachte uns ein LKW nach der Stadt Mehlsack, nachdem wir vorher noch ein opulentes Abendessen eingenommen hatten.

Ich schied mit einem lachenden und weinenden Auge von der Stabskompanie. Leicht wurde mir der Abschied nicht. Wie oft haben wir uns später noch alle voller Dankbarkeit und Wehmut an die freundliche Behandlung und die gute Verpflegung erinnert! Den Schmiedewagen aber werde ich nie vergessen.

Der Fahrer unseres Lkw erklärte mir fröhlich, in Mehlsack würde ich viele andere Flüchtlinge treffen, die sofort alle mit Zügen nach Braunsberg befördert würden. Von dort aus ginge es dann mit Schlitten oder Trecks über das Frische Haff und die Nehrung nach Danzig. Am Bahnhof in Mehlsack setzte er uns dann mit guten Wünschen ab.

Da standen wir nun in stockfinsterer Nacht, die Kinder an meiner Hand schrien wie am Spieß. Unsere drei Decken, die beiden Rucksäcke und meine große Handtasche hatten wir auf einen

Rodelschlitten gelegt, der verlassen am Weg stand. Der Bahnhof war abgeschlossen, es hieß, dass keine Züge mehr gingen. „Mutti, komm schnell in ein warmes Haus“, bat Axel schluchzend. Ich versuchte, mit den Kindern bis zur nächsten Straße zu gehen, es war eine Villenstraße, und gleich die ersten beiden Villen waren abgeschlossen, da der Andrang der obdachlosen Flüchtlinge unvorstellbar groß war. Die meisten saßen jammernd und frierend auf Bettsäcken, Reisekörben und Rodelschlitten am Straßenrand.

Die Stadt lag 30 Minuten entfernt. Es war auch augenblicklich unmöglich, bei der Dunkelheit mit den Kindern dorthin zu gelangen. Die Wehrmachtwagen, die vorbeifuhren, bewegten sich alle in Frontrichtung. Die Aussicht, mit den Kindern auf der Straße zu übernachten, war ziemlich gewiss. Da rief ich wütend einem vorübergehenden SA-Mann zu, wo wir bleiben sollten, und ob es nicht besser wäre, sich gleich mit den Kindern von einem der großen Lastwagen überfahren zu lassen? Er trug darauf, wenn auch brummend, den kleinen Olaf so lange, bis wir ein Haus offen fanden. Dann überließ er uns wieder unserm ungewissen Schicksal.

Natürlich waren Luftschutzräume und Privatwohnungen überfüllt, die Leute saßen und lagen auf den Treppenstufen und Fluren herum bis zum Boden hinauf. Wir standen vor einer Wohnung im Erdgeschoss, und ich fragte einen freundlichen Hauswart, wer denn dort wohnte. „Ach“, meinte er, „da wird wohl noch Platz sein, aber es wohnt ein Hauptmann von der Bahnhofskommandantur drin und lässt niemand herein.“

Mich packte eine grässliche Wut, und als kurz darauf zwei Frauen diese Wohnungstür öffneten, klemmte ich trotz ihres scharfen Protestes den Rodelschlitten zwischen die Tür und schrie, die Kinder könnten auf den Steinstufen nicht übernachten und wollten wenigstens im Flur auf dem Schlitten sitzen. „Machen Sie, was Sie wollen, aber ich lehne jede Verantwortung ab“, sagte die Hausfrau schließlich ärgerlich. Sie selbst hatte sich mit ihren fünf Kindern ins Schlafzimmer zurückgezogen und wollte nichts mehr sehen und hören.

Als alles still war, machte ich einen Vorstoß ins Nebenzimmer, dessen Tür nur angelehnt war. Es war ein gemütliches, mit Polstermöbeln eingerichtetes Herrenzimmer. Am Tisch beim Scheine einer hohen Kerze saß ein elegant angezogenes junges Mädchen und rauchte eine Zigarette, während sie verträumt den Rauchwölkchen nachblickte. Da sonst niemand im Zimmer war, ging ich mit den Kindern hinein und legte den schon im Stehen schlafenden Axel auf die Couch. Dann aß ich mit Olaf Abendbrot. Inzwischen erfuhren wir, dass hier besagter Herr Hauptmann wohnte, der jeden Augenblick kommen konnte, und dass das Mädchen seine Sekretärin war. Die Frau des Hauses erschien noch mehrmals, jetzt aber schon bedeutend freundlicher, und stellte mir für Olaf ein Kinderbettchen zur Verfügung. Axel wurde auf zwei Polstersessel gebettet, und für mich fand sich noch ein Strohsack.

Der Hauptmann war natürlich wenig erbaut über die neue Einquartierung. Er warf sich schließlich wütend auf die Couch, und die Sekretärin legte sich sanft zu ihm unter dieselbe Decke. In den folgenden Nächten zog er es vor, auf dem Bahnhof zu übernachten, nur am Tag erschien er einige Male, um seiner Sekretärin Fleisch, Wurst und Torte zu bringen, während wir, aller Vorräte bar, mit langen Gesichtern zusahen.

Am nächsten Tag standen wir vergeblich stundenlang nach Brot an, nach endlosem Warten und mühsamster Beschaffung von allen möglichen Scheinen, brachten wir schließlich 10 Pfund Kartoffeln und ein halbes Pfund Haferflocken nach Hause. Als auch am nächsten Tag das Anstehen nach Brot wieder vergeblich war, packte mich zum ersten Mal die Angst vor dem Hunger. Erst jetzt lernte ich ja das Flüchtlingselend aus eigener Anschauung kennen, wie glänzend war es uns doch bei der Stabskompanie ergangen, dass wir uns um Verpflegung und Quartier so gar nicht zu kümmern brauchten. Nun, zunächst hatten wir wieder einmal Glück im Unglück; eine Flüchtlingsfamilie vom Land, die nebenan wohnte, schenkte uns Brot. Aufstrich fand sich noch vom Regiment her reichlich im Rucksack, und zu den Mittagessen, die beinahe üppig waren, lud uns die Hausfrau ein, die selbst fluchtbereit war und ihre Esswaren noch verbrauchen wollte.

So wären wir also alle gern noch recht lange in diesem Quartier geblieben, was ich zunächst so schwer erobern musste. Aber leider sollte Mehlsack demnächst geräumt werden, und so setzte ich mich mit der Einquartierung in Verbindung wegen einer Beförderungsmöglichkeit nach Braunsberg. Der Oberleutnant einer Kraftfahrdivision erklärte, dass schon am folgenden Tag ein Güterzug nach Braunsberg abginge, er selbst hätte Geschütze dorthin zu bringen und würde dafür sorgen, dass wir mitkämen.

Der unliebenswürdige Hauptmann von der Bahnhofskommandantur, einmal zaghaft von mir um seinen Rat befragt, hatte geschrien, es wäre alles Wahnsinn, der Kessel bereits zu, aus Ostpreußen käme keiner mehr heraus und die Leute sollten bloß bleiben, wo sie wären. Jetzt, als ich erzählte, ich würde morgen weiterfahren, knurrte er: „Ja, der Zug geht, und ein Loch ist auch noch übers Haff offen!" Sein Knurren klang mir wie Sphärenmusik in den Ohren.

Längerer Aufenthalt in Braunsberg

So wanderten wir fast fröhlich mit dem Oberleutnant und großem Geleit zum Bahnhof und wurden dort von den Soldaten in einen Viehwagen verstaut. Die Kinder bekamen noch eine kurze Matratze, das war aber auch der einzige Luxus, den wir aufzuweisen hatten. Bald aber sank unsere Stimmung schon wieder beträchtlich, denn wir mussten zwei Tage und zwei Nächte in diesem Wagen verbringen, ehe der Zug losfuhr. Auszusteigen wagte man natürlich kaum, da man die Abfahrtszeit ja nicht kannte. Wir froren entsetzlich, und je länger die Wartezeit dauerte, desto ungezogener und unwilliger wurden die Kinder.

Das Schlimmste aber schienen mir dieses Mal die Insassen des Wagens zu sein. Ich hatte, wie gesagt, während der Flucht oft Gelegenheit, mich über den Egoismus, die Hartherzigkeit und Unliebenswürdigkeit der Menschen zu wundern, aber eine solche Anhäufung von Rohheit und Schlechtigkeit habe ich auf der weiteren Flucht doch nicht mehr erlebt.

Das waren nicht mehr Volksgenossen oder „Zeitgenossen“, wie das moderne Schlagwort lautet, das waren zum Teil richtige Verbrechertypen, wahrer Abschaum der Menschheit. Der Streit begann sogleich um die besten Plätze und die Frage, ob Kinder das Recht hätten, hingelegt zu werden oder nicht! „Halten Sie sofort Ihr ungewaschenes Maul oder ich haue Ihnen eins in die Schnauze, dass Sie die nie wieder aufkriegen“, das war noch das Gelindeste, was jeder zu hören bekam, der sein Recht behaupten wollte. Ich wunderte mich nur, dass es nicht zu Tätlichkeiten kam.

Jedenfalls glaubte ich, bei dem rohen heiseren Gebrüll der Männer und Frauen in einer Hafenspelunke zu sein. Ich selbst verhielt mich meist schweigend und im Übrigen immer ruhig und höflich; Ich hatte schon oft die Erfahrung gemacht, dass man damit noch am weitesten kam. Nur das alte Ohmchen, das verschüchtert in einem Winkel saß, die große Reisetasche ängstlich an sich geklemmt, kam mir vor wie ein braves Huhn, das sich in einen Raubtierkäfig verirrt hatte.

Draußen herrschte Tauwetter! Ein hässlicher, nasskalter Tauwind hatte sich aufgemacht und blies höhnisch durch die breiten Ritzen unseres Viehwagens. Die Kinder, die auf der kurzen Matratze beide nur sehr schlecht Platz hatten, rutschten abwechselnd herunter, was natürlich nie ohne Gebrüll und Zank abging. Ausgerechnet lagen wir noch an der Schiebetür, wo die größte Zugluft herrschte. So hatte ich in diesen beiden Tagen und Nächten hauptsächlich damit zu tun, die Ritzen immer neu zu verstopfen und wieder und immer wieder die Kinder zuzudecken. Völlig erschöpft kamen wir schließlich in Braunsberg an und gingen zunächst in den überfüllten Wartesaal des Bahnhofs, wo wir nicht einmal einen Stuhl bekamen.

Ach, und da war noch ein anderes Problem, welches ich hier doch einmal anschneiden muss; denn Kinder sind darin von einer geradezu aufreizenden Naivität: „Mutti, ich muss Groß, Mutti, ich muss Kleines", ich weiß nicht, wie oft ich dies täglich zu hören bekam, und trotz der Häufigkeit ließ dieser Fanfarenruf immer wieder mein Blut förmlich in den Adern erstarren. Schreckliche Erinnerungen tauchen auf an Scheunennächte, wo man im Stockfinstern, das Kind auf dem Arm, so schnell wie möglich den Ausgang zu gewinnen suchte und wo die Flüche der getretenen Schlafenden dann hinter uns herschallten.

So sehe ich auch in Braunsberg mit geradezu malerischer Deutlichkeit die entsetzlichen Toilettenverhältnisse vor mir, die eine Benutzung völlig unmöglich machten. In diesem Fall retteten wir uns in einen leeren Lazarettzug, der auf einem entfernten Gleis stand. Es sollte damit in der nächsten Zeit noch viel schlimmer werden, mich jedenfalls hat nichts so deprimiert und so zur Verzweiflung gebracht, wie dieses Problem. Tiefflieger, Bomben und Artilleriebeschuss sind meiner Meinung nach nichts dagegen.

Ja, so standen wir denn also stundenlang in der ungemütlichen Bahnhofshalle herum und warteten der Dinge, die da kommen sollten. Viele verließen die Halle, um einzukaufen oder zu versuchen, auf eigene Gefahr weiterzukommen. Ich hätte mit den beiden Jungen und unserem Gepäck auch nicht zwei Schritte allein gehen können. Es herrschte ein lebhafter Meinungsaustausch über weitere Beförderungsmöglichkeiten. Autos und Trecks sollten über das Haff gehen. „Übers Haff wollt ihr fahren", brüllte uns ein Mann höhnisch an, „versaufen werdet ihr alle." Ich war völlig unschlüssig, was zu tun sei. Braunsberg hatte gerade einen großen Bombenangriff hinter sich, Lebensmittel gab es gar nicht mehr, und ich überlegte allen Ernstes, ob es nicht das Beste wäre, nach Mehlsack in unser altes Quartier zurückzufahren.

Neben mir studierte ein Kriegsbeschädigter eifrig eine Landkarte von Ost- und Westpreußen, dann hörte ich, wie er zu seiner verzweifelten Frau sagte: „Also, ein Zurück gibt es für uns nicht, jetzt heißt es nur durch und weiter. Ob tot oder lebendig, der Weg über das Haff ist die einzige Möglichkeit, die uns noch offen steht." Ich nahm diese Worte für einen Gottesspruch und gab die Rückfahrt nach Mehlsack auf.

Gegen Mittag erschien in der Halle ein Bahnhofsoffizier, der uns befahl, die Halle unverzüglich zu räumen und uns zum Rathaus zu begeben.

Es wurde ein äußerst beschwerlicher, mühsamer Weg, den ich ohne Hilfe der alten Ohmchen, die sich uns angeschlossen hatte, gar nicht geschafft hätte. Der Schnee war nämlich inzwischen verschwunden, sodass ich den Schlitten auf der Asphaltstraße ziehen musste, und Olaf wollte durchaus nicht mehr weiter. Am Rathaus trat dann zum ersten Mal auf unserer Flucht die MSV in Erscheinung und verteilte eine warme Suppe und Kekse für die Kinder.

Dann wurden alle am laufenden Band auf die vorbeikommenden Ziviltrecks verladen, deren Lenker uns nur sehr widerwillig und gezwungen aufnahmen. Wir waren zu einem Bauern aus dem Kreise Neidenburg gekommen, einem ziemlich wortkargen, großen, kräftigen Mann, der zwar nicht gerade liebenswürdig, aber auch nicht unfreundlich war. Er hatte die typisch ostpreußische Bauernart, die ich von Landbauern her genügend kannte und auch zu behandeln wusste. So kamen wir in den folgenden Tagen trotz vieler Gefahren und der sehr gereizten Stimmung aller Insassen ganz gut miteinander aus.

Der Bauer hatte nur einen halbwüchsigen Jungen aus seinem Dorf mit, der ihm half, die Pferde zu versorgen. Frau und Kind waren mit einem Panzerauto vorgefahren und damit hatte er sie aus den Augen verloren. Wie wir wollte er zunächst auch nach Danzig.

Fahrt über das Frische Haff

Nachdem wir einen Landweg entlanggefahren waren, setzten wir bei Anbruch der Nacht die Fahrt übers Haff fort; vorher aber wurden wir noch gezwungen, einen Verwundeten im Wagen aufzunehmen. Dabei saß ich schon reichlich eng und unbequem. Wenn ich das Bein ausstrecken wollte, saß der schwere Mann meist auf meinem Fuß, und von hinten drohten wieder schwere Gepäckstücke den Kindern auf den Kopf zu fallen. Aber der arme Verwundete war ja noch vielmehr zu bedauern. Er hatte einen Oberschenkelschuss und bemühte sich stundenlang vergebens, seine Beine in eine erträgliche Lage zu bringen. Dazu plagten ihn ständig Schmerzen, sein mageres gelbliches Gesicht mit den langen schwarzen Bartstoppeln wirkte krank und fast verkommen.

Er stammte aus Schwaben, was man sofort unschwer an seinem Dialekt feststellen konnte. „O mei, liabs Herrgöttle, wos hoab i nur verbroche, wos hoab i verbroche?", so stöhnte er unausgesetzt vor sich hin. Der Bauer indessen kümmerte sich gar nicht darum, er hatte übergenug damit zu tun, auf den vorbezeichneten Weg zu achten.

Schon in der ersten halben Stunde brach sich das Fohlen, das neben dem Wagen herging, die Beine und musste zurückgelassen werden. Dann war eins der beiden stämmigen Pferde, die Liese, mit dem rechten Vorderbein in ein Eisloch geraten und musste mühsam mit einer Axt befreit werden. „Liese, Liese", stöhnte der Bauer, „wenn sie sich das Bein bricht, sind wir verloren. Die Lotte allein schafft's nie und nimmer."

Auch waren wir genötigt, in riesigen Abständen zu fahren und manchmal stundenlang auf derselben Stelle stehenzubleiben. Je länger wir aber standen, desto höher stieg über dem Eis das Wasser, und die Gefahr des Einbruchs wurde dadurch natürlich auch immer größer.

Gottlob, die Kinder ahnten nichts von der Gefahr, aber wir anderen waren uns alle darüber klar, dass dies unsere letzte Fahrt sein konnte. Doch blieb uns ja keine andere Wahl. Ich saß stundenlang unbeweglich und starrte auf den breiten Rücken des Bauern vor mir und dann durch einen Spalt daneben über die weite Fläche des Haffs und den schwarz-grauen Nachthimmel, der sich darüber spannte. Ab und zu beleuchteten Fackeln die vorgezeichnete Wegstrecke; dann sah man die endlosen Reihen der Trecks, die sich schweigend in großen Abständen mit fast unvorstellbarer Langsamkeit fortbewegten. Es kam mir vor wie ein langer Leichenzug. Langsam aber unabänderlich kroch die Kälte an mir hoch, bis ich am Morgen völlig durchgefroren und wie zerschlagen versuchte, meine steifen Glieder in eine andere Lage zu bringen.

Als es hell wurde, sah man überall die eingebrochenen Wracks der Trecks und Autos herumliegen. Einigen war es gelungen, sich zu retten, und diese zogen nun zu Fuß weiter. Und fort ging die Fahrt über das brüchige Eis bis Kahlberg, während uns die Tiefflieger umschwirrten und die Russen uns ihre Artilleriegrüße von Elbing herüberschickten.

Die Verpflegung wurde auch immer knapper, man wagte kaum noch zu essen, und die Kinder zeigten sich immer matter und unlustiger und waren auch bei längerem Aufenthalt nicht mehr zu bewegen, ein Stückchen spazieren zu gehen. Am schlimmsten war doch immer, wie später auch, das zermürbende Warten, wenn die Trecks stundenlang nicht weiterfahren konnten. Einmal war unser Wagen im Schnee stecken geblieben, und es dauerte eine Stunde, bis endlich von den tausend Vorüberfahrenden ein Mann mit Herz darunter war, der uns seine Pferde zum Vorspannen überließ. Allein hätten wir es nicht geschafft. Ein anderes Mal fing das Eis unter uns plötzlich an zu singen und zu dröhnen, und der junge Alfred nebst dem Bauern peitschten wie verrückt auf die Pferde ein, während die Leute aus den überholten Trecks furchtbar auf uns fluchten, dass wir durch Verringern des vorgeschriebenen Abstandes die ganze Kolonne gefährdeten.

Inzwischen hatte der arme Schwabe große Schmerzen, er stöhnte, krümmte sich und sein Gesicht war manchmal bis zur Unkenntlichkeit verzerrt. Wieder betete ich: „Lieber Gott, lass es alles nicht mehr lange dauern, mache der Qual bald ein Ende, so oder so, es ist doch nicht mehr zu ertragen. Aber mit Ross und Wagen, Kindern und Gepäck in ein Eisloch fahren und jämmerlich ertrinken? Nein, nein, nur das nicht, liebster Gott, nur das nicht!" In den letzten Stunden verharrte der Verwundete fast leblos in der gleichen Stellung, bis er in Kahlberg von Sanitätern in Empfang genommen und zu einer Sammelstelle für Verwundete getragen wurde.

Ach ja, unsere armen Verwundeten! Wie anders hatte ich mir ihre Betreuung vorgestellt. Wie vielen war ich z. B. schon in Mehlsack begegnet, die, direkt von der Front kommend, uns blutend, hinkend, zum Teil mit schwersten Verwundungen, entgegenwankten. Und auch bei dieser Fahrt über das Haff wurden sie einfach in die schon überfüllten Trecks gestopft, oder sie lagen bei Schnee, Sturm und Regen auf offenen Heuwagen.

Ich selbst dachte jeden Tag und vor allem jede Nacht: „Das ist das Letzte, schlimmer kann es doch nicht mehr kommen, mehr kann ein Mensch nicht ertragen", und doch sollte es noch qualvoller für uns werden.

Kahlberg, keine schöne Erinnerung

Auch Kahlberg war wieder einmal eine ganz große Enttäuschung! Welch guten Klang hatte dieser Name früher als idyllisch auf der Nehrungsstraße gelegener Badeort, von Haff und See umschmeichelt! Jetzt herrschte ein nasskaltes Februarwetter, Schnee wechselte mit Regen, alle Straßen waren völlig aufgeweicht, wir versanken bis weit über die Knöchel im Schlamm. Unser Parkplatz war gleich unten am Haff, und beim Aussteigen hatte ich noch das Pech, mit dem einen Bein bis zum Knie in ein Eisloch zu geraten. Danach rannte ich tagelang mit völlig durchnässten Füßen herum, ohne die Möglichkeit des Schuhwechsels zu haben.

Die Verpflegungsfrage begann nun zum brennendsten Problem zu werden. Stundenlang war ich im Ort nach Essen unterwegs, aber immer war der Andrang so groß, dass ich es nie wagte, die Kinder mehrere Stunden hintereinander allein zu lassen und immer wieder mit leeren Händen umkehrte, um nach ihnen zu sehen. Da ich kein Quartier mehr fand, mussten wir die Nacht im Wagen zubringen. Der Bauer ärgerte sich sehr darüber und schalt heftig, dass der Junge, der doch bei den Pferden bleiben müsste, nun keinen Platz im Wagen hätte. So hielt ich, um Platz zu schaffen, in dieser Nacht auch noch Olaf auf dem Schoß.

Am andern Morgen aßen wir das letzte Stück Brot und ließen uns dazu von den Leuten im Nachbarwagen Tee kochen. Dabei fiel mir das Märchen von Hänsel und Gretel ein, wo die Mutter den Kindern das letzte Stück Brot mit auf den Weg gab. Aber ich dachte auch daran, wie Hänsel später seine Schwester mit den Worten tröstete: „Weine nicht, Gretel, Gott weiß so viele Wege, er wird uns schon den rechten führen!“ Bedurfte es einer größeren Weisheit, um ruhig und zuversichtlich zu werden? Immerhin brachte uns Kahlberg nur Fehlschläge. Zunächst ging ich zur Kreisleitung, wo Schiffskarten nach Danzig verteilt werden sollten. Als ich dort ankam, hatte sich bereits der größte Menschenstrom verlaufen, und ich hörte, dass viele Leute schon ab fünf Uhr morgens vergeblich angestanden hätten; es kämen nur noch schwangere Frauen und sehr kinderreiche Mütter infrage. Die, die noch dablieben, waren durch das lange Warten in schrecklicher Wut und wollten nicht unverrichteter Dinge abziehen. Der Kreisleiter, am ganzen Körper zitternd, schrie sogar schwer Kriegsbeschädigte an, sie sollten unverzüglich machen, dass sie herauskämen, sonst würde er die Polizei holen. „Schlagt doch die braunen Hunde tot!“, schrien einige Frauen neben mir, „was machen die überhaupt noch ihren großen Mund auf? Wenn die Russen schon hier wären, würden unsere Kinder weniger hungern.“

Ich verließ resigniert den Raum, auch an Verpflegung konnte ich nichts erobern. Jeder, der mit einem Brot vorüberkam, erschien uns plötzlich als der beneidenswerteste Mensch unter der Sonne. Die Zeiten des Schmiedewagens schienen Jahre zurückzuliegen.

Viel schlimmer als der beginnende Hunger war der Durst. Dauernd, wahrscheinlich durch den ständigen Aufenthalt in freier Luft, klebte uns die Zunge förmlich am Gaumen fest. Wasser durfte wegen Typhusgefahr nicht getrunken werden, und Kaffee war zur Kostbarkeit geworden, man bekam ihn unterwegs nur ganz selten. Trotzdem glaubten wir nun, wo wir wieder festen Boden unter den Füssen hatten, das Schlimmste hinter uns zu haben, die Nehrungsstraße in einem Tag zu überwinden und dann in eine bessere Lage zu kommen.

Die Nehrungsstraße entlang über Stutthof nach Danzig

Oh diese Nehrungsstraße, sie sollte das schrecklichste Erlebnis unserer ganzen Flucht werden! Sie war so schmal, dass zwei Wagen nebeneinander nur ganz knapp Platz hatten. Zur Linken schimmerte häufig die Eisfläche des Haffs, zur Rechten war Wald. Der Boden war völlig aufgeweicht, vor allem aber wies die Straße ein tiefes Schlagloch nach dem andern auf, und jedes war etwa so groß wie ein halbes Zimmer. Es gab noch eine zweite Straße, die aber der Wehrmacht vorbehalten war. Dadurch nun, dass die Wagen in unabsehbar großer Zahl immer einer dicht hinter dem anderen fuhren, entstanden noch viel mehr Stauungen und Stockungen als sonst. Etwa ein Drittel der Wagen war schon auf dem Eis liegen geblieben, ein weiteres Drittel ging hier kaputt. Dann dauerte es jedes Mal einige Stunden, bis wir weiterfahren konnten.

Dieses endlose Warten und die Aussicht, dass es auch uns ja jeden Augenblick auch so gehen konnte, machten die Fahrt wirklich unerträglich. Wieder ein Loch, wieder tiefster Schlamm, wieder eine Anhöhe! Ob wir dieses Mal noch durchkommen würden? So kamen wir tatsächlich während eines ganzen langen Tages nur drei bis fünf Kilometer vorwärts. „Hüh, jüh, hüh, jüh", das heisere, wütende und zugleich angstgequälte Gebrüll des Bauern, mit dem er die Pferde antrieb, wird mir für immer ebenso in Erinnerung bleiben wie damals das ununterbrochene Rollen der Flüchtlingstrecks in den Straßen unserer kleinen Stadt.

Wir alle zitterten ja genauso wie der Bauer. Ab und zu wurde unterwegs eine Suppe ausgeteilt, aber kein Brot. Ein Stückchen gab uns der Bauer gegen Zigaretten, und einige Male bettelte ich Soldaten an, die aber, wenn überhaupt, auch nur ein wenig Knäckebrot bei sich hatten. Sie waren auch lange nicht so freundlich wie die unserer Stabkompanie. Immerhin, da die Kinder wenig Appetit hatten, schlugen wir uns noch so schlecht und recht durch.

Und dann, eines Nachmittags, als die Trecks gerade wieder alle stundenlang hielten, kam einer der schrecklichsten Augenblicke meines Lebens. Dicht an uns vorbei wurden auf der schmalen Straße Tausende von gefangenen Russen getrieben. Zerlumpt und zerrissen, die Gesichter von Strapazen und Hunger wie ausgehöhlt, zogen sie vorbei, eine ganze Menge ausgesprochen mongolischer Typen. Jeder hatte sich zwei Kohlrüben als Proviant umgehängt, und viele bettelten uns um Brot an. Natürlich wurden sie überall abgewiesen, meist noch leider sehr unfreundlich, da die Leute seit vier Tagen selbst keine Verpflegung mehr erhalten hatten.

Manchmal gingen einige zu den toten, teils schon in Verwesung übergegangenen Pferden, die überall am Wege lagen, und schnitten sich ein Stück rohes Fleisch ab, um es umgehend mit Heißhunger zu verzehren. Nur einige deutsche Soldaten mit geschulterten Gewehren begleiteten den langen Zug, der uns kein Ende zu nehmen schien. Ein undefinierbares Gefühl von Trauer, Wehmut, Zukunftselend und unmittelbarer lähmender Furcht vor den nächsten Minuten beschlich uns wohl alle.

Mir war nicht viel anders zumute, als hätte man mich in einen Löwenkäfig gestellt. Da gab auch schon einer der Soldaten meinen Gefühlen des Grauens Ausdruck. „ Nehmen Sie Deckung!“ rief er mir zu, „die Leute haben Hunger, und man kann nicht wissen, was in den nächsten Minuten passiert. Die Waldstraße ist schmal und einsam, und wenn die Gefangenen jetzt über die Trecks herfallen, kann Ihnen niemand helfen." „Wir haben ja noch unsere Wehrmacht", sagte ich ruhig, obwohl ich innerlich vor Angst zitterte. Er zuckte die Achseln: „Gott, wir paar Mann, was sollen wir schon machen!"

Vielleicht war das größte Wunder, das wir unterwegs erlebten, wirklich dies, dass eben nichts geschah, denn die Gelegenheit zu einem Überfall war tatsächlich mehr als günstig. Ich habe mir hinterher oft den Kopf zerbrochen, warum sie von den halbverhungerten, gequälten, verbitterten Russen nicht ausgenutzt wurde? Wahrscheinlich wollten sie gar kein Risiko eingehen, da sie mit Recht vermuteten, schon in allernächster Zeit für immer frei zu sein.

Ganz langsam, langsam kamen wir schließlich doch weiter. Die Nacht verbrachten wir teils im Wagen, teils in einer Scheune. Oft fragte ich mich verzweifelt: Sollte denn nun alles umsonst gewesen sein? Sollten wir alle diese Qualen und Strapazen aushalten müssen, um hier auf dieser entsetzlichen Straße elend zugrunde zu gehen? Und was für ein langsames, grauenvolles Sterben würde das werden! Am Weg lagen schon viele alte Leute in den letzten Zügen. Mütter mit Säuglingen kauerten am Straßenrand, ihre Trecks waren unterwegs kaputtgegangen. Wahrscheinlich sah kaum einer dieser Säuglinge noch die Stadt Danzig. Wir hatten insofern wieder Glück, als unser Wagen einer der stabilsten war. Er hatte Gummiräder und einen Holzaufbau mit Dach. Zwar hatten wir ab und zu Schäden, aber wir kamen tatsächlich mit Pferd und Wagen heil über die furchtbare Todesstraße hinweg.

„Ich werde Sie noch einige Kilometer bis Stutthof fahren", sagte der Bauer zu mir. „Dort ist ein großes Sammellager der NSV, die Organisation soll sehr gut sein, und von dort aus werden Sie dann per Bahn oder Schiff nach Danzig gebracht." Ich musste einverstanden sein, obwohl mich schon jetzt bei der Erwähnung der vorbildlichen Organisation ein gelindes Misstrauen packte, was sich dann später auch als sehr berechtigt erwies.

Einmal, als wir auf erträglicher Straße fuhren, kam ich mit dem Bauern, der auch wie erlöst war, in ein längeres Gespräch. Ich erzählte ihm einiges aus meinem Leben und die Geschichte unserer Flucht. „Da sind Sie aber eine sehr harte Frau dass Sie das alles ausgehalten haben“, meinte er anerkennend. Ich starrte ihn entgeistert an. Meine größten Fehler waren immer allzu große Weichheit, Ungeduld und ein Mangel an Entschlossenheit gewesen. Doch bei größeren und größten Anforderungen, die an den Menschen gestellt werden, wuchsen wohl auch in gleichem Maße die Kräfte. Jedenfalls habe ich auf der weiteren Flucht eigentlich immer erreicht, was ich mir vorgenommen hatte.

Persönlicher Tiefpunkt in Stutthof

In diesen Tagen fing ich an, mein Leben, das so ein bewegtes Auf und Ab geworden war, mit einer Schaukel zu vergleichen. Zunächst in Stutthof sank die Schaukel so tief, wie sie selten gesunken war. Wir kamen abends spät dort an und fanden ein Massenlager von Tausenden von Menschen und Fuhrwerken vor. Der Bauer konnte sich nicht entschließen, wo er die Pferde ausspannen sollte, während wir fast weinend und schon halb erfroren die halbe Nacht noch im Wagen saßen.

Da kam ein Soldat vorbei und rief mir zu, wir sollten doch endlich in eine warme Baracke kommen und die Kinder hinlegen, unsere Sachen könnte ich ja später holen.

So ergriff ich nur die mitgenommenen drei Decken, da diese mir im Augenblick das Wichtigste zu sein schienen, und folgte dem Soldaten, der mit Olaf auf dem Arm voranging. In dem Massenlager, in das er uns führte, wollte ich die Kinder nicht allein lassen und beschloss, erst am andern Morgen um sechs Uhr früh die zehn Minuten zum Treck zurückzulegen.

Die Nacht in dem Massenquartier war scheußlich. Einige Bomben hatten in der Nähe eingeschlagen, und da in unserm Raum ein Fenster schlecht verdunkelt war, bemächtigte sich der Leute eine angstvolle Gereiztheit, die sich dann, wie üblich, in ununterbrochenen Schimpfworten Luft machte. Bei dieser Gelegenheit habe ich mich stets von Neuem gewundert, wie sehr die Menschen doch am Leben hängen.

An nächsten Morgen suchte ich meinen Treck vergebens. Ich suchte bis mittags, fragte viele Leute und umkreiste immer wieder suchend die Stelle, wo ich den Wagen mit Sicherheit vermutet hatte. Dann gab ich das Rennen auf, vermutlich war er schon abgefahren. Alle augenblicklichen und späteren Nachforschungen erwiesen sich als ergebnislos. Leichtsinnigerweise hatte ich den Bauern auch nicht einmal nach seinem Namen und der genauen Anschrift gefragt.

So fuhren sie also dahin, ohne mich, in diese schöne Welt. Unsere Rucksäcke mit Kleidern, Strümpfen, Kindersachen, Kämmen, Kurzwaren, Handtüchern, Zahnbürsten usw., desgleichen meine große Handtasche mit unserem schönen alten Familienschmuck, sieben Sparkassenbüchern über zusammen 30.000 RM, Ausweisen und allen wichtigen Papieren, mit 2.000 RM in bar und den schönsten Fotos von euch, den Kindern und Werner.

Ich selbst stand in dem Menschengewimmel bis zu den Knöcheln im Schlamm, starr und tränenlos vor Verzweiflung, angetan mit einer Skihose und einem äußerlich mitgenommenen Pelzmantel, und wollte es nicht fassen, dass drei Decken fortan mein ganzer Besitz sein sollten. „Der Herr hat es gegeben, der Herr hat es genommen, der Name des Herrn sei gelobt!", so hätte ich wohl eigentlich sagen müssen.

Aber ich war damals noch längst nicht so weit, sondern wanderte zunächst in dumpfer Verzweiflung planlos im Lager umher. „Das ist das Letzte", dachte ich in ohnmächtiger Wut. „Wovon sollen wir jetzt leben? Wie sollen wir uns waschen und kämmen? Wir können nicht einmal mehr die Strümpfe wechseln, meine Schuhe sind völlig durchgeweicht und gänzlich unbrauchbar geworden." Dann fiel mein Blick auf die lange, lange Menschenschlange, die sich vor der Brotausgabe zusammendrängte. Hier war die NSV-Organisation noch „vorbildlicher" als in Kahlberg.

Frühmorgens stand man zunächst zwei Stunden nach Brotmarken an, dann weitere zwei Stunden nach Brot, und dann war es auch schon wieder Zeit, das Mittagessen zu holen, welches aus einer dünnen Wassersuppe bestand.

So waren die Menschen, die es sich leisten konnten, den ganzen Vormittag auf Nahrungssuche. Wie sollte ich aber die Kinder täglich sechs Stunden allein lassen? Außerdem hatten wir nun auch gar keine Gefäße mehr zum Essenholen. Dazu hatte Axel sich noch eine leichte Fußentzündung geholt und lag jammernd ohne Schuhe im Stroh.

Wenn wir wie hier viele vielleicht vier bis fünf Tage verbringen sollten, ehe wir weiterbefördert wurden, so würde dies ein unvorstellbares Elend werden. Als nun eine Frau kurz darauf an Soldaten Rasierklingen verteilte, holte ich mir auch eine solche. Ich hatte sie schon in die Tasche gesteckt, da fragte die Frau misstrauisch, wozu ich denn eigentlich eine Rasierklinge brauchte. „Wenn ich heute nicht hier fortkomme, so öffne ich mir und meinen Kindern die Pulsadern", sagte ich ganz ruhig. „Hätte ich das gewusst, hätte ich sie Ihnen bestimmt nicht gegeben", rief die Frau entsetzt, aber ich war schon im Menschengewühl untergetaucht.

Der Gedanke, unter allen Umständen so schnell wie möglich hier herauszukommen, hatte sich mit geradezu verbissener Entschiedenheit in meinem Hirn festgesetzt. Nacheinander sprach ich fünf Aufsichtspersonen an, erzählte jedem, ich wäre ein hoffnungsloser Fall, mein Ehemann vor kurzem gefallen, die Eltern auf der Flucht gestorben und auch mein letztes Hab und Gut wäre heute auf Nimmerwiedersehen dahingefahren.

Die Kinder lägen ohne Schuhe krank im Stroh, ich könnte, um sie nicht so lange allein zu lassen, weder stundenlang nach Brot noch nach Mittagessen anstehen. So bliebe mir also nichts anderes übrig, als uns allen die Pulsadern zu öffnen, wenn wir nicht heute noch hier fortkämen, die Rasierklinge hätte ich schon in der Tasche. Doch war so viel Elend ringsum, dass mir erst der Fünfte und letzte, den ich ansprach, zu helfen versuchte.

Mit dem LKW nach Dirschau

„Ich werde Ihnen einen von meinen Leuten schicken, der wird Ihre Kinder zu einer Baracke bringen, wo diejenigen sich aufhalten, die zuerst fortkommen sollen." Dieser Soldat, den man uns auch wirklich schickte, entpuppte sich als ein wahrer Engel in Menschengestalt. Er trug die Kinder durch den tiefen Schlamm, machte uns drei Strohlager zurecht und holte uns Brot und Essen. Als er abgelöst wurde, legte er die Sorge um uns einem Kameraden warm ans Herz, der uns dann plötzlich Hals über Kopf in einen LKW verstaute, welcher aber, wie wir erst unterwegs erfuhren, nicht nach Danzig, sondern nach Dirschau fuhr.

Übrigens begriff der Soldat genauso wenig wie ich die Politik des Nationalsozialismus und verabscheute die Judenpolitik aufs Äußerste. Dazu hatte er noch den schrecklichen Posten, zum Aufseher über solch ein Judenlager bei Danzig abkommandiert zu sein, und berichtete mir unter dem Siegel der Verschwiegenheit haarsträubende Dinge über die dortigen Zustände. Männer und Frauen waren getrennt untergebracht und durften sich nur durch Stacheldraht sehen. Die Ernährung und die sanitären Verhältnisse waren so schlecht, dass täglich etwa 100 Menschen starben. Wieder kroch die Angst von der Größe unserer Schuld und vor der unausbleiblichen Vergeltung wie ein Tier an mir hoch, und dem Soldaten schien es nicht anders zu gehen.

Was das Öffnen der Pulsadern betrifft, so hatte ich mir dies innerlich gar nicht vorgenommen. Ich habe ja bereits an anderer Stelle erwähnt, dass ich, abgesehen von jener Stunde am Waldsee, eine solche Fahnenflucht als unwürdig ablehnte. Aber ich hatte durch diese Drohung doch mein Ziel erreicht.

Unser LKW setzte uns im letzten Dorf vor Dirschau in einem Bauernhaus ab, wir übernachteten dort zusammen mit einer Flüchtlingsfamilie vom Land. Die Frau hatte noch Mehl und Schmalz mit und begann sogleich, Krapfen zu backen, die vorzüglich schmeckten. Wir wurden aufs Freundlichste von den Soldaten, die nebenan wohnten, begrüßt und betreut. Wir alle hatten endlich wieder ein Bett, Zimmer und Küche waren angenehm durchwärmt, und es gab zunächst gleich ein gutes warmes Essen. Da brauchten wir kein stundenlanges Anstehen zu fürchten und kein karges Einteilen wie bei der NSV in den Lagern. Sogar heißes Wasser zur gründlichen Reinigung unseres Körpers war vorhanden, die Frau lieh mir ihren Kamm, ich zog mir die übereinander gezogenen beiden Strickjacken aus, sodass mein schönster Pullover zum Vorschein kam, und ich fühlte mich nun endlich wieder menschlich.

Als die Kinder bereits schliefen, folgte ich einem der Soldaten ins Nebenhaus, um Radio zu hören, und lauschte anhand einer Landkarte dem Wehrmachtsbericht. So weit hatten also unsere Truppen schon wieder zurückweichen müssen! Daran schloss sich das berühmte Abendprogramm „Für jeden etwas“ an, und trotz der schlechten Übertragung klang es mir wie Sphärenmusik. Wir alle starrten still und verträumt zur verräucherten Decke der kleinen Bauernstube empor. Jeder dachte wohl an zuhause, an die Menschen, die er lieb hatte, und ob das frühere Leben wohl noch einmal wiederkommen oder für immer Erinnerung bleiben würde.

Der Soldat neben mir, ein kräftiger Berliner, der gerade heute seinen siebenjährigen Hochzeitstag hatte, begleitete mich dann wieder zu meinem Quartier zurück. Ich fühlte, wie er am ganzen Körper zitterte. Zärtlichste Gefühle bewegten ihn anscheinend, hervorgerufen durch die schmelzende Radiomusik und die Tatsache seines Hochzeitstages. Er meinte, ich sollte doch Mitleid mit ihm haben und ihm gerade an diesem Feiertage ein wenig Zärtlichkeit und Liebe schenken. Ich erinnerte ihn an seine Frau und wie ihm wohl zu Mute wäre, wenn sie in Berl1n ihren Hochzeitstag ebenso feiern wollte. Gleichzeitig fühlte ich aber doch eine kleine wohlige Schwäche. In diesem Augenblick kreischte der kleine Olaf im Nebenzimmer schrill auf, und so ließ ich den verstimmten Berliner stehen und stürzte zu den Kindern.

Der nächste Morgen brachte einen verfrühten und daher hastigen Aufbruch. Doch verabschiedete ich mich dankbar und strahlend von allen Soldaten und meinte, diese Stunden wären wie eine Oase in der Wüste gewesen .Der zärtliche Berliner schenkte mir zum Abschied ein Handtuch und ein Stück Seife, dazu einen Spannkorb, wo ich die mitgegebene Verpflegung verstaute. Dieses waren die ersten Stücke meiner neuen Aussteuer!

In Dirschau hielten wir am Bahnhof und gingen noch für einige Stunden in den Wartesaal. Hier gab es noch Kellner, gedeckte Tische und Frauen, die Hüte trugen! Es erschien mir wie ein Märchen. Zunächst wollte mich die Heeresstreife auf dem Bahnhof verhaften, weil ich ohne Ausweis war. Ich wandte mich an einen Polizeiwachtmeister, der mich sehr freundlich zur NSV begleitete. Hier wurde mir ein vorläufiger Ausweis ausgestellt, dahin lautend, Frau Lore E. hätte alle Papiere verloren und bäte, sie bis zu ihrem Bestimmungsort nicht mit Anfragen zu belästigen!!

In Dirschau erschien plötzlich überall der Himmel heiter. Auf der NSV schenkte man mir einen neuen, warmen Kinderunterzug, dazu Weißbrot und Bonbons. Der nette Polizeiwachtmeister bot mir sogar seine Wohnung als Quartier an, denn in Danzig, so meinte er, wäre das Elend viel größer. Trotzdem wollte ich versuchen, schon mit dem Mittagszug weiterzukommen, da wir erst in Danzig Lebensmittelkarten bekommen sollten.

Der Wachtmeister holte sich noch einen Eisenbahnbeamten zur Hilfe, und so zogen wir denn weiter mit großem Geleit, wie einst in Mehlsack, zum Bahnsteig. Axel war übrigens immer noch auf Strümpfen! Mit dem einlaufenden Zug kam nur ein Viertel der Wartenden mit. Aber dank der Tatkraft des Eisenbahners eroberten wir noch zwei Plätze. Im Zug merkte man dann gleich wieder, dass man sich unter Flüchtlingen befand. Es entstand sofort ein ekliges Drängen und Schieben, man führte gehässige Reden gegen Leute, die dick waren und daher zu viel Platz einnahmen, beschimpfte sich gegenseitig und konnte sich gar nicht genug über eine Frau aufregen, die ein großes, künstlerisch mehr als zweifelhaftes Bild wie den „Elfenreigen" zärtlich über den Köpfen der empörten Menge wie ein Heiligtum festhielt.

Als eine Frau mit ihrem lahmen Ehemann zuletzt noch in das Abteil einsteigen wollte, knallte man ihr die Tür vor der Nase zu, und höhnische Reden klangen auf, ob sie wohl dächte, sie allein hätte Schweres durchgemacht. Alle waren krank und elend und deshalb sich jeder selbst der Nächste.

Überhaupt hatte ich mir immer vorgestellt, dass gleiches großes Leid die Menschen nur umso fester zusammenschmiedet. Aber gerade das Gegenteil war der Fall. Die Menschen wurden immer härter, immer selbstsüchtiger und immer skrupelloser. Mitleid und Opferfreudigkeit schienen unbekannte Begriffe zu werden. Jeder dachte wohl, dass es ihm am schlechtesten ginge.

Ich habe in diesen Tagen oft eine Stunde mit mir gekämpft, bis ich jemand um ein Messer, eine Schüssel oder einen Nagelreiniger zu bitten wagte. Meist wurden mir diese Dinge auch nur sehr zögernd geliehen und immer mit scharfer Betonung, ich müsste sie gleich wieder bringen! So war die Fahrt in dem vollgepfropften Zug natürlich kein Hochgenuss. Ich erinnerte mich an die überfüllten Züge, mit denen wir so oft vom Strande abends nach Königsberg heimgekehrt waren. Hier wie dort die gleiche Fülle, hier wie dort übermüdete, brüllende Kinder und doch, wie ganz anders war dies alles! Dort sah man fast durchweg gut angezogene Menschen, braungebrannt, die den Alltag hinter sich gelassen und in Luft und Sonne Körper und Geist neu gestärkt hatten. Dort klang ein Lachen auf und da ein Volkslied. Hier war die Atmosphäre förmlich geschwängert mit innerer und äußerer Gereiztheit. Alle blickten verzweifelt oder verbissen und verbittert drein. Die Leute waren meist abgerissen und verschmutzt, es gab keine gut angezogenen Frauen, keine fröhlichen Kinder mehr.

Danzig!
Der rettende „Engel“ Hans Hellweg taucht auf

Danzig! Weckt dieser Name nicht noch eine Menge Erinnerungen in dir, liebes Herz? Weißt du noch, wie wir mit Papa vor vielen Jahren eine Sommerfrische in Oliva verlebten? Da fuhren wir auch öfters nach Danzig, besichtigten die Marienkirche und den Arthushof, die alten Patrizierhäuser und staunten immer wieder über die vielen architektonischen Schönheiten, die uns auf Schritt und Tritt begegneten. Wie viele der umliegenden kleinen Badeorte besuchten wir, und wie viele schöne und weite, immer abwechslungsreiche Spaziergänge unternahm Papa mit uns! Damals dachte ich, es müsste schön sein, immer hier wohnen zu können.

„Das war einmal“, lächeltest du traurig, „und so fangen bekanntlich alle Märchen an, mein Kind.“ Nein, siehst du, mein Liebes, die drei Wochen, die ich in Danzig verbrachte, waren doch ein Märchen, ein Flüchtlingsmärchen, möchte ich sagen, ein fast heiteres Zwischenspiel, nachdem „Der Tragödie erster Teil“ unserer Flucht in Danzig seinen Abschluss gefunden hatte.

Der Anfang allerdings war zunächst gar nicht heiter, sondern die Lebensschaukel, die sich doch schon nach Stutthof ein wenig gehoben hatte, sank wieder ganz tief hinab. Auf dem Bahnhof in Danzig kümmerte sich niemand um uns. Wir alle drei mussten die Nacht und den nächsten halben Tag dann in einem jener fürchterlichen Auffanglager verbringen, vor denen mich jetzt noch immer ein Grauen packt. Das Gebäude, in dem wir in den oberen Räumen noch einige Plätze fanden, war wohl ursprünglich ein großes Musikcafé gewesen. Einige rote Plüschsessel und schöne Beleuchtungskörper zeugten noch von verschwundener Pracht. Ich schloss einen Moment die Augen und durchlebte dabei in wenigen Sekunden schöne Stunden, die ich bei Bohnenkaffee und Torte in den verschiedenen Cafés aller möglichen Großstädte mit den verschiedensten Partnern erlebt hatte. Vor hundert Jahren, so schien es mir jetzt!

Ich seufzte ganz tief auf, dann versuchte ich, das Tuch über meine nun schon wieder zwei Tage nicht gekämmten Haare zu ziehen und die Hände mit den schwarzen Fingernägeln zu verstecken. Sodann schickte ich mich an, die Kinder auf zwei Sessel zu betten. Meine Jungen waren inzwischen noch elender und matter geworden und schliefen in der ungewohnten Umgebung und der unbequemen Stellung sehr schlecht. Ich selbst verbrachte die Nacht auf einem Stuhl, völlig schlaflos. Um mich war wieder das gewohnte Flüchtlingsbild von schlafenden, essenden, stöhnenden oder redenden Elendsgestalten.

Angewidert drehte ich den Kopf weg, und plötzlich fiel mein Blick auf einen Wandspiegel, der mein Konterfei erbarmungslos zurückwarf. Weiß Gott, ich hatte kein Recht zur Kritik mehr! Wie ich da so saß in meinem schäbigen Pelzmantel, mit den unordentlichen Haaren, blassem übermüdeten Gesicht und tiefen Schatten unter den Augen, die nun auch noch heftig zu tränen begannen, ja, da unterschied ich mich auch in nichts mehr von jenen Elendsgestalten im Raum.

Ich begann nachzurechnen, dass wir zweieinhalb Wochen unterwegs waren. „Wirklich nur zweieinhalb Wochen?", fragte ich mich ungläubig, „konnte das möglich sein?" Mir schien es, als wären wir schon viele Monate auf der Landstraße, so randvoll von Erlebnissen waren diese Tage gewesen. Die gesicherte bürgerliche Existenz, die wir doch noch vor einigen Wochen geführt hatten trotz des sechsten Kriegsjahres, erschien mir wie ein Traum.

Der folgende Vormittag verging in qualvoller Langsamkeit. Die Kinder waren unglaublich ungezogen, draußen regnete und schneite es abwechselnd, die Verpflegung im Lager war sehr schlecht und das Anstehen nach Quartierkarten unerfreulich und zermürbend.

Nachmittags wurde zum Aufbruch geblasen. Wir sollten mit dem Dampfer zu dem kleinen Badeort Neubude fahren und dort in Privatquartieren untergebracht werden. Eine Reihe von Danziger Familien war nämlich längst geflohen, und in die leeren Wohnungen hielten nun die Flüchtlinge ihren Einzug. Wieder einmal tief aufseufzend, ergriff ich unsere drei Decken, den Spankorb und begab ich mich mit den Kindern zum Ausgang, wo schon eine dichtgedrängte Menschenmenge aufgeregt wartend harrte. Ich hatte gar keine Lust auf dieses neue Quartier. Noch eine Dampferfahrt bei diesem scheußlichen Wetter! Und sicher war es noch ein weiter Weg von der Dampferanlegestelle zum Quartier. Außerdem kannte niemand diese Wohnungen, es war sehr wahrscheinlich, dass keine Kohlen mehr vorhanden waren, und dann würden mir die Kinder noch kränker werden. Aber das durfte nicht sein. Wir mussten nun endlich einmal in eine warme, bequeme Wohnung, denn ich hatte durchaus nicht, wie fast alle übrigen Flüchtlinge, die Absicht, so bald wie möglich weiterzukommen, sondern Danzig sollte für uns alle eine Ruhepause sein.

Die Luft in dem Raum war Tag und Nacht wieder einmal unerträglich gewesen, meine Augen eiterten stark, die Beine versagten fast den Dienst, und ich fürchtete im Ernst, jeden Augenblick ohnmächtig umzufallen. Und nun sollten wir wieder nach Neubude! „Glücklicher Werner“, dachte ich verzweifelt, während ich die brüllenden Kinder zum Ausgang zerrte. Aber immer noch hatte

Gott geholfen, wenn nach menschlichem Ermessen alles zu Ende war. Und tatsächlich, es geschah wieder einmal ein Wunder! Denn in diesem Augenblick stürzten, ärgerlich von der herausströmenden Menge zurückgestoßen, zwei Freundinnen aus unserer kleinen Stadt auf mich zu. Sie hatten sich in allen Auffanglagern die Personalliste geben lassen und meine Ankunft auf diese Weise ausfindig gemacht.

Du kannst dir denken, Liebes, was dies für ein freudiges Wiedersehen wurde. Beide nahmen mich sogleich mit in ihre Wohnung, wo sie selbständig wirtschafteten. Wie jeden Abend warteten sie auch heute auf den Besuch des Architekten Hellwig, dessen Schwägerin eine gemeinsame Freundin von uns war. Frau Hellwig hatte in Danzig eine große Wohnung in der Nähe des Bahnhofs. Sie und ihr Sohn waren bereits nach Brünn zu seinen Eltern gezogen, wohin nun auch die Schwägerin nachgefahren war.

Er selbst, da Kriegsbeschädigter, arbeitete als Unteroffizier bei den Luftschutzbauten in einer großen Kaserne. Ehe er noch kam, sang man schon sein Loblied in allen Tönen. Er käme fast jeden Tag, brächte stets allerlei Liebesgaben und wäre rührend um alle besorgt. Die Kinder starrten ihm immer schon von weitem entgegen. Er hätte schon eine Menge Flüchtlinge in seine Wohnung aufgenommen, aber sicher wäre dort auch noch für uns Platz.

Und Hans Hellwig kam, sah und siegte, das heißt, er wurde für die Zeit unseres Danziger Aufenthalts unser unentbehrlicher, sehr verehrter Betreuer und Beschützer. Nachdem er voller Mitleid unsere Geschichte gehört, nahm er uns alle drei noch am gleichen Abend mit in sein schönes Heim. Später gestand er mir, es hätte ihn direkt ins Herz geschnitten, wie ich an diesem Abend im Stehen in der Küche die Kinder aus dem Korb abfütterte. Ach ja, wenn man immer nur aus dem Rucksack wirtschaftet, verlernt man bald alle guten Tischmanieren

Bevor wir die Wohnung betraten, hatten wir noch ein kurzes Gespräch miteinander. „Wir müssen aber du zueinander sagen", meinte Hans Hellwig sachlich, „denn ich will Sie als meine Schwägerin ausgeben. Sie sollen es hier so gut wie möglich haben. Die anderen Flüchtlinge sollen Sie als Hausfrau respektieren, nicht als Eindringling empfinden." Ich starrte ihn ungläubig an. „Die anderen sind genau so Flüchtlinge wie ich, wie sollen sie dazu kommen, mich zu respektieren? Das gibt nur böses Blut", meinte ich zweifelnd. „Das überlassen Sie nur mir. Also, bist du einverstanden?" Ich nickte. Das Leben war so bunt jetzt und oft so sonderbar.

Wir richteten uns also im Herrenzimmer, welches das behaglichste in der Wohnung war und das Hans so lange bewohnt hatte, häuslich ein. Ich schlief auf der sehr bequemen Couch, zu meiner Rechten standen gleich Stehlampe und Radioapparat, Olaf bekam das Kinderbettchen des kleinen Hellwig, und Axel wurde wie in Mehlsack auf zwei große Polstersessel gebettet. Am Tag wurden die Betten und Decken fortgetragen und die Sessel wieder um den runden Herrenzimmertisch gruppiert , da das Zimmer tagsüber ja als Ess-, Wohn- und Besuchszimmer dienen musste; denn wegen Kohlenmangels durften nicht alle Räume geheizt werden.

Außer uns (Hans zog in die Kaserne um) bewohnten noch elf Flüchtlinge die Wohnung. Die Frauen waren schon wunderbar eingewirtschaftet. Sie machten sauber, heizten und hatten es übernommen, für Hans zu kochen und zu waschen. Da ich sofort betonte, es solle sich durch mich niemand gestört fühlen und alle genau so selbständig weiter arbeiten wie bisher, schienen sie mir sehr dankbar zu sein und nahmen mir ungebeten viel Arbeit ab . Obwohl sie sonst gar nicht so sanft und verträglich waren, benahmen sie sich mir gegenüber die ganzen Wochen hindurch mit herzlicher Zuvorkommenheit. So hätte ich es also wie im Himmel haben können, wären die Kinder nicht so krank und verändert gewesen. Beide lagen den größten Teil des Tages völlig apathisch da und plärrten dauernd vor sich hin. Sie sahen blass, elend und krank aus. Olaf bekam außerdem einen stark eiternden Mittelohrkatarrh, der fünfzehn Monate hindurch anhalten sollte. Das Schlimmste aber war der beginnende, ruhrartige Durchfall, diese „Landstraßenkrankheit", die uns im Laufe der nächsten Wochen alle mehr oder minder heftig packte und uns viele Monate hindurch nicht mehr los ließ.

Doch dachte ich immer daran, welch ein Glück es doch wäre, gerade jetzt nicht mit den Kindern unterwegs zu sein, und ertrug alles verhältnismäßig leicht. Hans sorgte sich so warmherzig und selbstlos um uns, wie es ein Vater oder Bruder nicht anders hätte tun können. Fast jeden Tag, wenn er abends kam, brachte er etwas mit. Abendbrot aßen wir alle zusammen bei Radiomusik am hübsch gedeckten Tisch.

Axel strahlte über die großen Zwiebacktüten, und Oly saß auf Onkels Schoß und bekam seine geliebten „Brattetofflen" und „Sonig-Brot." Ich erstattete Bericht über die kleinen Tagesereignisse und ob und welche Besucher und Bittsteller gekommen waren. Der Empfang dieser Besucher war nicht immer ganz leicht, zumal sie sich immer nur in dem einen Raum aufhielten. Daneben hatte ich mit der Unterhaltung und Betreuung der Kinder, die mich oft sehr quälten, viel zu tun.

Hans betonte oft, wie sehr er sich jetzt wieder freute, nach Hause zu kommen, und auch mir waren diese Abende eine schöne Entschädigung für die manchmal durch die Krankheit der Kinder so schwer zu ertragenden Tage.

Hans verstand es, auch die Traurigsten wieder fröhlich und hoffnungsfroh zu machen. Bezeichnend dafür war ein Ausspruch einer meiner Freunde: „Ich war so herunter, dass ich schon das

Leben wegwerfen wollte, aber da kam Hans, und seitdem schien wieder die Sonne."

Ja, auch ich, Liebste, war leichter und fröhlicher in dieser Zeit als alle die Monate vorher seit Werners Tod. Ich hatte alle Erinnerungen an die Schrecken der Flucht und den Abschied von euch weit von mir geschoben und genoss noch viel intensiver als in unserer Kleinstadt jede schöne ruhige Stunde und freute mich am Radio, an den Polstermöbeln, am geheizten Ofen und besonders über diese Ruhepause, die mir und den Kindern hier vergönnt war. Auch erledigte Hans alle notwendigen und so zeitraubenden Gänge für mich wie die Besorgung von Lebensmittelkarten, Quartier- und Bezugsscheinen. Er versah uns außerdem mit den notwendigsten Dingen, die zur Fortsetzung unserer Reise unerlässlich waren.

In der dritten Woche allerdings war unsere schöne Ruhe meist dahin, die Fliegerangriffe verstärkten sich, und so mussten wir alltäglich und allnächtlich viele Stunden im Luftschutzraum verbringen. Auch die Besucher blieben nun fort, die meisten Flüchtlinge hatten ebenfalls das sinkende Schiff verlassen, es war still um uns geworden.

Am letzten alarmfreien Abend vor unserer Weiterfahrt hörten wir beide einen guten Rundfunkvortrag über Nietzsche. Man muss, so hieß es darin, sein Schicksal nicht beklagen, es auch nicht als gegeben duldend hinnehmen, sondern man solle es bejahen und lieben lernen. Dies erst, diese „Amor Fati", wäre die höchste Stufe des Lebens. Wir schwiegen eine Weile nachdenklich. „Ja, Nietzsche hat Recht", sagte Hans dann, „so hart das Leben auch mit uns umgeht, man darf nie versagen, nie sich beugen. Je lachender oder tatkräftiger man allem Schweren zu Leibe rückt, desto leichter wird man dazu gelangen, sein Schicksal zu lieben. Auch du müsstest dich trotz allem, was du erlebt hast, zu dieser ‚Amor Fati' durchringen."

Ich dachte angestrengt nach, dann begann ich: „Wenn ich es recht bedenke, so komme ich allmählich auch zu einer solchen Schicksalsliebe, gewiss, ich hatte ein schönes, sorgloses Leben, und meine Ehe war glücklich." Und doch, wie oft, wenn ich meine einsamen, langen Wanderungen machte (Werner war fast den ganzen Tag dienstlich unterwegs), dachte ich manchmal ein wenig bitter: „Soll das wirklich alles sein? Essen und Trinken, Wirtschaften und Kochen, Gartenarbeit und Spaziergänge, Besuche und Autofahrten, Geburt, Taufe, Einsegnung, Verlobung, Hochzeit und Begräbnis, Jahr um Jahr, alles wohl abgewogen, alles sozusagen schon vorgezeichnet bis an das Lebensende? Aber das aufwühlende, das ganze Dasein aus den Angeln hebende, bunte, lärmende, abwechslungsreiche Leben, das der Durchschnittsmensch immer nur aus Romanen und Filmen kennt, sollte ich denn dieses Leben nie kennen lernen? Zeigte sich dann nicht erst der wahre Charakter und Wert eines Menschen?"

Mein Lieblingslied war immer noch: „Der Mai ist gekommen. Es gibt so manche Straße, die nimmer ich passiert, es gibt so manchen Wein, den nimmer ich probiert." Ja, es gab noch so viele Straßen, die ich nie gewandert war, das zehrte innerlich oft an mir. Und wenn ich's jetzt recht überlege, so ist nun eigentlich alles in Erfüllung gegangen, alle Albträume aus Flucht und Schrecken, aber auch alle Sehnsüchte, von Krieg und Gefahr, Soldaten und Abenteuern, von Frontnähe und unmittelbarem Erleben der Landstraße.

Der Tod der nächsten Angehörigen wird immer eine unheilbare Wunde bleiben, dies hatte ich mir natürlich nicht gewünscht. Aber dass ich trotzdem so weiterleben kann, wie ich es jetzt tue, dass ich mich an allem Erfreulichen, das mir das Schicksal hier bietet, so zehnfach dankbar freuen kann, ist das nicht auch eine Gnade? Und wenn man so vor dem materiellen Nichts steht und durch soviel Höhen und noch viel mehr grausame Tiefen gewandert ist, wird man nicht reifer und stiller, liebt, bejaht, und verehrt man nicht immer wieder Gottes wunderbare Fügungen?“ Hans drückte mir warm die Hand. „So wollen wir uns dies ‚Amor Fati‘ von jetzt ab zum Wahlspruch machen“, meinte er anschließend.

Am nächsten Tag mussten wir Danzig in Richtung Neufahrwasser wegen des verstärkten Artilleriebeschusses verlassen. Ich war vorher mit Hans' Hauswirtin bekannt geworden, die mir vorschlug, mit den Kindern bei ihr zu bleiben. Im Keller waren Esswaren und Kohlen. Ich war sehr bereit anzunehmen, grauste es mir doch vor meinen zukünftigen Fluchtwegen. Aber Hans blieb eisern dabei, uns fortzuschicken – und wurde dadurch wohl unser Lebensretter; denn das Schicksal, das uns in Danzig ereilt hätte, wäre kaum auszudenken gewesen.

Wiedersehen mit einer alten Freundin in Neufahrwasser

Im Hafen von Neufahrwasser, wo wir für eine Nacht wieder ein Auffanglager beziehen mussten, erlebte ich ein beglückendes Wiedersehen mit Lisa, einer Freundin aus der Heimat, deren Mann etwa zur gleichen Zeit wie Werner gefallen war, und die mit ihrem einjährigen Klaus ebenfalls schon eine abenteuerliche Flucht hinter sich hatte. Wir beschlossen, von nun an die Flucht gemeinsam fortzusetzen, und nahmen noch als Dritte im Bunde Frau Walter mit, die gleichfalls aus Ostpreußen stammte und mit Lisa bekannt war. Auch Frau Walter hatte noch ihren fünf Monate alten Siegfried mit.

Auch diese beiden Frauen waren tief gerührt und dankbar, wie Hans noch für alle sorgte. Es gab kein Problem, im Schiff mitzukommen. Wohl mit Zigaretten wurde der Obermaat bestochen, uns den wärmsten und bequemsten Platz anzuweisen und sich um uns zu kümmern, was später sich dann allerdings alles als illusorisch herausstellte.

Gottlob ahnten wir damals alle nichts vom Untergang der Gustloff. Ich hatte jetzt immerhin ein Kleid, eine Strickjacke, eine Kleiderschürze, einen alten Sowjetmantel, zwei Handtücher, drei Taschentücher und einige wichtige Kleinigkeiten. Alles zusammen füllte einen kleinen Handkoffer und eine Einholtasche.

Gegen Stutthof kam ich mir also geradezu reich vor.

Vorher auf dem Bahnhof in Neufahrwasser hatte ich ein eifriges Gespräch zweier Danziger Frauen mit angehört, welches sich die ganze Zeit nur um ihre Garderobe drehte. Womit sie den weißen Angorapullover gewaschen und wie schön er geworden war, wie fabelhaft der neue Filzhut gerade zum Kostüm aussah und nach welchem Modell das Frühjahrskleid verändert werden sollte. Auch ich hatte mich früher fast allzu viel mit Modefragen beschäftigt und wieder fragte ich mich zweifelnd, ob dies wirklich nur Monate zurücklag. Jetzt konnte ich mir einfach gar nicht mehr vorstellen, wie man diesen Dingen solche Wichtigkeit beimaß und so viele Worte darüber verlieren konnte.

Hans freute sich mit mir, dass ich nun nicht mehr so allein war. Lisa war im Gegensatz zu mir ein so tatkräftiger, fröhlicher und praktischer Wirklichkeitsmensch, dass sie für mich gerade die richtige Ergänzung bildete.

Überfahrt nach Kopenhagen mit der „Hector“

Wir alle bestiegen dann den großen Hilfskreuzer „Hector“, der etwa 5.000 Flüchtlinge fasste. Die Besatzung bestand fast ausschließlich aus Seekadetten. Bei strahlendem Sonnenschein standen Lisa, Frau Walter, Hans und ein Obermaat an Deck, und letzterer berichtete zu unserem großen Staunen unter dem Siegel der Verschwiegenheit, die Fahrt ginge wahrscheinlich nach Dänemark. Von dort aus würden wir auf eine der südlichen Inseln oder nach Südjütland kommen und uns wäre eine erstklassige Verpflegung sicher, und nach vier bis fünf Wochen stände es uns frei, über Flensburg nach Deutschland zurückzukehren.

Dann pries er Dänemark in allen Tonarten, wir würden uns dort wie im Märchen vorkommen. Es gäbe noch Blumen und Torte mit Schlagsahne und, abgesehen von Textilien, alles was das Herz begehrte. Deutsches Geld würde in jeder beliebigen Menge eingetauscht, die Dänen freuten sich, wenn sie recht viel verkaufen könnten, und alles wäre sehr billig. Er zauberte uns ein wahres Paradies vor, sodass Hans fast glücklich Abschied nahm, uns fortan so wohl versorgt zu wissen.

Ich selbst dachte wieder hoffnungsfroh: „Es gibt so manche Straße, die nimmer ich passiert“, warum sollte es nicht also zur Abwechslung auch einmal Dänemark sein? Ich konnte ja zu jeder Zeit nach Deutschland zurück, wahrscheinlich dann zu Frau Hellwig nach Brünn, wie es Hans so sehr wünschte. Dann nahmen wir kurzen Abschied von Hans. Ich lehnte lächelnd an der Reling und winkte ihm den üblichen Abschiedsgruß zu. Der Kessel um Danzig hatte sich schon bedenklich zusammengezogen, aber Hans hatte mir versprochen, bestimmt noch im letzten Augenblick ein Lazarettschiff zu benutzen.

Nun stiegen wir ganz tief in den Schiffsbauch hinunter. Der Obermaat führte uns in einen Raum, in dem lange Reihen von Tischen und Bänken standen. „Dies ist der wärmste und beste Raum, hier sind Sie am sichersten aufgehoben“, meinte er dabei. Der Raum füllte sich bald bis auf den letzten Platz, und sowie das Schiff fuhr, wurde es unerträglich heiß. Vergebens sah ich mich nach einem Nachtlager für die Kinder um. Dann entdeckte ich in einer Ecke einen Haufen Schwimmwesten, legte diese auf den Boden in den Gang zwischen die Bänke und die Kinder dann darauf. Die Erwachsenen versuchten, auf den schmalen Bänken auszuruhen, jeden Augenblick in Angst, auf die Kinder herunterzufallen.

Der Kreuzer war für die Flüchtlinge in 35 Räume aufgeteilt, die meist leer waren. Nur auf den Boden hatte man Stroh geschüttet. Jeder Raum hatte einen „Betreuer“, der mit seinen Helfern für die Verpflegung sorgte. Kadetten und Matrosen waren durchweg sehr freundlich. Man durfte mit jedem Anliegen, sei es Betreuung der Kinder, Schuhreparaturen oder aufzublasende Schwimmwesten zu ihnen kommen. Die Luft in unserem Raum war wieder so schlecht und verbraucht trotz des Ventilators, dass ich oft fürchtete, ohnmächtig zu werden. Dazu konnte man nicht zwei Schritte gehen, ohne auf Menschen, Gepäck oder Kinderwagen zu treten. In vielen Räumen klapperten dagegen die Leute mit den Zähnen vor Kälte.

Mir nehmen solche überheizten, schlecht gelüfteten, überfüllten Räume jede körperliche und geistige Schwungkraft. Außerdem hatte ich fast Tag und Nacht damit zu tun, die Kinder zu beaufsichtigen. Wenn ich an diese Schiffsreise denke, verblassen alle anderen Erinnerungen. Ich sehe mich dann immer noch in greifbarer Deutlichkeit mit dem gefüllten Schieber die Schiffstreppen und endlosen Gänge entlangwanken, wie ein Artist zwischen schlafenden, essenden, stöhnenden, lesenden, singenden, küssenden Menschen entlangbalancierend, die alle auf engstem Raum herumstanden oder lagen.

An der Toilette angelangt, musste ich mindestens noch fünfzehn Minuten Schlange stehen, bis ich an die Reihe kam. War das überstanden, so brauchte ich mindestens fünf Minuten, um mir zu überlegen, wie ich denn nun eigentlich über die sämtlich belegten Fußböden, Bank- und Tischplätze zum Ausgang unseres Raumes gelangen sollte. Der Ekel schüttelt mich immer noch bis zum Erbrechen, wenn ich daran zurückdenke. „Amor Fati?" Nein, jetzt hätte wohl niemand sein Schicksal lieben können! Ich aber hatte nur noch die eine Hoffnung, das Schiff möchte auf eine Mine laufen und mit Mann und Maus untergehen.

Doch hatten wir in diesen vier Tagen bis Kopenhagen eine selten ruhige Fahrt. Der Kreuzer machte kaum einmal eine leise Schwankung. Bei Tag kreuzten wir zwar sehr viel hin und her, doch kamen wir ohne den geringsten Schaden davon. Flieger zeigten sich überhaupt nicht. Ein einziges Mal während der ganzen Fahrt konnte ich mich für einige Minuten von den Kindern frei machen und an Deck stehlen. Ein leichter Wind kühlte mein heißes Gesicht. Es war schön und beruhigte unendlich, wieder einmal mit Wasser, Himmel, Möwen und Wind allein zu sein.

Meer und Strand waren immer schon meine große Liebe gewesen und würden es wohl auch ewig bleiben. Wäre ich alleine und hätte an Deck bleiben können, solange ich wollte, wie wunderbar hätte die Fahrt dann sein können, auch wenn es kein Luxusdampfer der Hapag war, der mich trug. Was nützte es alles? Die Zähne zusammenbeißen und durch, einmal musste auch diese Höllenfahrt ein Ende nehmen!

Glaub' aber nicht, Liebes, dass alle diese Reise so schrecklich fanden. Eine Reihe von jungen Mädchen und Frauen sind sicher begeistert gewesen, denn: „Und ist der Raum auch noch so klein, es langt bestimmt zum Glücklichsein!“ So stolperte ich auf meinen schrecklichen Toilettenwanderungen förmlich über Liebespaare. Wie hatte es die Schiffsbesatzung doch gut! Mädchen und Frauen jeden Alters und Typs, über die „Naive“, das Sportsmädel bis zur Mondänen, alle warteten nur darauf, die berühmte Matrosenliebe kennenzulernen. Sie war zwar bekanntlich kein Ankerplatz, aber wo konnte man in dieser Zeit auch noch Anker werfen? Das „Carpe Diem“ genügte. Man tauschte Fotos, Anschriften, Umarmungen, Küsse und Schwüre, war beschwingt, hatte keine Langeweile und keine trüben Gedanken mehr.

Da ein Ungemach selten allein kommt, entdeckte Lisa bei meinen Kindern nun auch noch Kopfläuse. Ich war wie zerschmettert, da ich diese Tiere bisher nur vom Hörensagen kannte. Lisa und Frau Walter nahmen meine „Lausejungen“ nun mit zur Toilette, wo sie ihnen die Läuse absuchten und die Köpfe kahl schoren, während die wartenden Leute draußen, zähneknirschend vor Wut, gegen die Tür hämmerten.

Über das Ziel unserer Fahrt gingen die verschiedensten Gerüchte, die meisten vermuteten Saßnitz, Lübeck oder Rostock, während wir über unser Wissen schwiegen. Auf offener See wurden wir durch Lautsprecher vom Kommandanten freundlich begrüßt, die Besatzung gab sogar ein Konzert zu unserer Unterhaltung und daran anschließend wurde verkündet, das Ziel der Reise wäre Dänemark.

Das hatte bei fast allen großen Jubel zur Folge, da die meisten eben glaubten, der Aufenthalt in Dänemark würde für sie etwa vier bis sechs Wochen dauern. Also glaubte man, eine Sommerfrische mit Torte, Schlagsahne, Vollmilch und Butter vor sich zu haben, ehe man die Weiterfahrt zu den Angehörigen fortsetzte. Völlig zerschlagen und benommen, aber immerhin ziemlich hoffnungsfroh, liefen wir am 19. März in den Hafen von Kopenhagen ein.

Von der Stadt selbst sahen wir nichts als ein Stück des Hafens mit einem großen Platz davor und einigen Lagerspeichern und Gebäuden, wie sie eben in jedem Hafen zu sehen sind. Zwölf Stunden lagen wir dort vor Anker, dann bestiegen wir einen Zug, der uns nach Jütland bringen sollte. Er war ungeheizt, was wir nach der Hitze auf dem Schiff zunächst als sehr angenehm empfanden. Das Abteil war sehr sauber und mit Lederpolstern bequem ausgestattet.

Jeder erhielt zunächst eine Postkarte, die er nach Deutschland schreiben durfte. Dann brachten uns zwei hübsche, liebenswürdige, junge Mädchen vom Roten Kreuz Kaffee und große Scheiben Knäckebrot, dick belegt mit schöner Butter und Rauchwurst. Gleich darauf wurde verkündet, dass nun jemand an Kinder Süßigkeiten verteilen würde, die von der Deutschen Wehrmacht gesammelt und gespendet worden wären. Schon nach einer Stunde gab es wieder belegte Brote. So glaubten wir tatsächlich, ins Märchenland verschlagen zu sein.

Nur kurze Zeit noch, dann wurden wir mit einer großen eleganten Fähre nach Jütland übergesetzt. Hier stand ein langer Zug bereit, der uns alle nach unserem Bestimmungsort bringen sollte. Damit war die Herrlichkeit aber auch endgültig vorbei. Schlag auf Schlag versetzte uns die raue Wirklichkeit, sodass ich mir auf der weiteren Fahrt vorkam wie Hänsel und Gretel, denen der neue Tag im Pfefferkuchenhaus nach den vorhergegangenen Genüssen und Versprechungen auch ein so grausames Erwachen brachte.

Ja, Zug um Zug verdüsterte sich mit Windeseile das rosige Bild, das wir von Dänemark im Herzen trugen.

Zunächst erfuhren wir, dass eine Rückfahrt nach Deutschland nicht mehr gestattet wäre, das war die erste, größte und nachhaltigste Enttäuschung. Zum Zweiten wurden wir belehrt, dass deutsches Geld hier keinen Wert hätte und wir nur ein ganz kleines Taschengeld in dänischen Kronen zu erwarten hätten. Zum Dritten hieß es, die Dänen wären alles andere als deutschfreundlich eingestellt, in den Städten häuften sich die Sabotageakte, dauernd würden die deutschen Posten angegriffen und Gebäude in die Luft gesprengt. Der letzte Flüchtlingszug wäre dadurch entgleist und hätte viele Todesopfer zu beklagen.

Unser Zug war auch längst nicht so elegant wie der in Kopenhagen. Nur Mütter mit kleinen Kindern und Kranke durften in Holzwagen sitzen, während alle übrigen in Viehwagen, wo ihnen das Wasser bis zum Knöchel reichte, stehen mussten. Drei Tage und drei Nächte waren wir unterwegs in dem ungeheizten Zug. Das Wetter, das zunächst so strahlend war, verschlechterte sich zusehends. Es wurde immer kälter und immer stürmischer, Regen und Schnee wechselten ab, und die flache Ackerlandschaft zeigte ein trostlos eintöniges Grau in Grau. Die Verpflegung war sehr knapp und hörte in den letzten dreißig Stunden ganz auf.

Vor allem gab es keine Milch für die Säuglinge, was später in vielen Fällen den Tod der Kinder zur Folge hatte. Der Zug war grässlich überfüllt, dazu froren wir alle jämmerlich, und es begann wieder jene gehässige, missgünstige und überreizte Flüchtlingsstimmung aufzukommen, die ich so hasste. Die Fahrt schien kein Ende zu nehmen. Der Zug fuhr eigentlich nur nachts vorwärts, wo deutsche Wehrmacht die Bahnstrecke bewachte, während er am Tag entweder stand oder rückwärts fuhr. Anscheinend waren wir schon damals gegen die dänischen Zugführer machtlos.

Grau in Grau wie die Landschaft war auch unsere Stimmung, und statt nach Süden fuhr dieser schreckliche Zug immer höher nach Norden hinauf! Olaf saß teilnahmslos auf meinem Schoß. Sein Gesichtchen war ganz wächsern, dazu verdrehte er die halbgeschlossenen Augen beständig, sodass ich manchmal fürchtete, er würde die Fahrt nicht überstehen. Auf jedem der Wagen stand mit Kreide der Bestimmungsort angeschrieben, da las man Hørby, Dipwart, Hals, Ganten und so fort, aber was besagten für uns diese Namen?

Ankunft in Hørby in Nordjütland/Dänemark

Schließlich erreichten wir Hørby, unsern Bestimmungsort, und zogen bei Schneesturm in das sogenannte „Rote Haus" ein, eine leere Villa, die fünfzehn Minuten Fußweg vom Dorf und der Flüchtlingsküche entfernt lag. Uns wurde im Erdgeschoss ein leerer Raum angewiesen, der nichts als fünf Holzbettstellen mit Strohsäcken aufwies. Immer zwei Betten waren übereinander gebaut. Sonst stand nur noch ein eiserner Ofen im Zimmer, Holz war nur für die ersten drei Tage vorhanden, dann wurde eine ganze Weile gar nichts geliefert und sodann riesige Kloben, die niemand von uns zersägen konnte. Kein Stuhl, kein Tisch, kein Schrank, nichts war von Möbeln in diesem kahlen Raum zu erblicken.

Feuer konnten wir uns aus eben genannten Gründen höchstens stundenweise machen, den größten Teil des Tages und des Nachts froren wir sehr. Die Kinder mussten auf der Erde gewaschen werden, angezogen und gefüttert wurden sie auf dem Bett, wobei ich mir jedes Mal an der oberen Lagerstätte den Kopf stieß. Das Mittagessen war ausgesprochen schlecht, es bestand nur in einer dünnen Suppe von Gemüse, Kartoffeln oder Nährmitteln. Ein einziges Mal, als eine Kommission von Offizieren und Parteileuten uns besuchte, gab es Buletten zum Mittag, das einzige Festessen, was wir dort erlebten.

Fließend Wasser gab es nicht im Hause, die Wasserleitung war durch Sabotage zerstört. Auf dem Hof befanden sich eine Pumpe und auch ein Bretterhäuschen, das es verdient, hier verewigt zu werden. An diesem Häuschen war alles lose, das Dach, die Tür und sogar der Sitz. An der Hinterwand fehlten einige Bretter. Das dadurch entstandene Loch war notdürftig mit Papier verstopft. Da nun alle anderen Personen genau wie wir an jenem ruhrartigen Durchfall, der berüchtigten Landstraßenkrankheit litten, war dieser paradiesische Ort ewig beschmutzt und ewig besetzt. Von dem langen Anstehen holte ich mir zum Überfluss noch einen fürchterlichen Husten, der viele Wochen lang andauerte und der meinen ganzen Körper oft so heftig schüttelte, dass ich am Tag einige Male fast umfiel und nachts von stundenlangen Anfällen gequält wurde. So schlief ich in diesen Nächten in Hørby fast gar nicht.

Wenig Anlass zur Freude boten auch die Mitbewohner des Roten Hauses. Uns gegenüber befand sich die sogenannte Krankenstube, die als besondere Auszeichnung überhaupt keinen Ofen aufwies. Auch sonst standen nur noch drei Betten und ein Stuhl in diesem Raum. Dort lagen drei gelähmte ältere Leute, zwei Frauen und ein Mann, die fast immer sich selbst überlassen blieben und furchtbar unter ihren dünnen Decken froren.

Zwar war dem „Roten Haus" auch eine Krankenschwester zugeteilt, aber diese tat so gut wie nichts. Ihre Stärke war die Intrige und ein kleinlicher, dabei gefährlicher und unversöhnlicher Hass auf jeden, der sich ihr in irgendeinem Punkt entgegenstellte. Nur wenn der Arzt kam, war sie wie ein Ohrwurm um ihn herum und berichtete wichtig von ihren unglaublich vielen Pflichten, während sie die meiste Zeit des Tages doch im wärmsten Zimmer auf ihrem Bett verbrachte.

Der große Raum neben uns wurde auch von mehreren Familien bewohnt, darunter eine Frau mit einem vierzehnjährigen Jungen, der bisher fast ausschließlich von seinen Großeltern erzogen und verwöhnt war. Er war nun ziemlich frech und verwahrlost. Vor allem fiel ihm der Gehorsam sehr schwer, und nun sollte er erzogen werden. Da die Mutter sich dieser Aufgabe nicht gewachsen fühlte, außerdem sich um ihre beiden anderen kranken Kinder kümmern musste, beteiligten sich alle übrigen Zimmerbewohner an dieser Erziehung. Besonders ein alter, sehr redseliger Mann konnte sich nicht genug über den Jungen ärgern. Schon am frühen Morgen ging das Schimpfen und Schlagen los: „Du Kreet du, wenn du nicht horchen wirst, ich schlag di dot." So hörten wir es mehrmals am Tag überlaut durch die Wand schallen, dann klatschten Hiebe, ein grässliches Wehgeheul, das fast regelmäßig damit endete, dass der Junge aus dem Haus geworfen wurde und sich dann stundenlang, auch bei Regen und Sturm, draußen aufhalten musste. Die Mutter nahm alles völlig gleichmütig hin und sprach von ihm nur als dem „Hammel".

Zur Leiterin des Roten Hauses war unbegreiflicherweise eine Frau bestimmt, die nur mit einem erstaunlich großen Mundwerk Staat machen konnte. Schon das Listenführen fiel ihr sichtlich schwer, da sie orthografische Fehler wie ein ABC-Schütze machte. Sonst war sie sehr elegant und sehr von sich überzeugt. Manchmal berichtete sie tränenden Auges sentimentale Geschichten von ihrem Verlobten und ihrem in Deutschland zurückgebliebenen Kind. Meist aber war sie unerhört frech und nur glücklich, wenn ein Mann in ihrer Nähe war.

Kamen einmal Soldaten aus einem benachbarten Dorf, um etwas abzuliefern, so stellte sie diese sofort zur Rede: „Könnt ihr uns nicht bald ein paar Mann herschicken? Wir brauchen was fürs Herz, und hier ist ja nichts los." So verfolgte sie dann eifersüchtig auch jeden sich anbahnenden Flirt, und die armen Betroffenen hatten nachher nicht schlecht unter ihren Anzüglichkeiten und höhnischen Bemerkungen zu leiden.

Die Soldaten waren im Allgemeinen, wie überall in Dänemark, sehr freundlich zu uns. Sie hatten nur meist nicht die Mittel, uns zu helfen, und fanden wohl zum Teil unsere Wünsche auch recht anspruchsvoll. Sie begriffen einfach nicht, dass Erwachsene sich wohl in alles schicken können, dass aber für Säuglinge und kranke Kinder bessere Lebensbedingungen geschaffen werden mussten. Immerhin bildete der Schutz der Wehrmacht für uns doch einen gewissen Rückhalt.

Als dann aber in der zweiten Woche unseres Aufenthalts in Hørby die Wehrmacht geschlossen abrückte, waren wir nur noch dem Lagerleiter unterstellt, und dieser war ein Trauerspiel für sich. Er schien seine braune Parteiuniform mit großem Stolz zu tragen, denn er legte sie nie ab, was abgesehen von dem so völlig unberechtigten Stolz auch noch ausgesprochen dumm war. Denn da die Dänen Hitler und den Nationalsozialismus wie die Pest hassten, lieferten sie an den Lagerleiter natürlich besonders ungern und besonders wenig. Er selbst hatte es sofort verstanden, sich mit seiner Geliebten zusammen, die nun als seine Sekretärin auftrat, ein gutes Privatquartier zu verschaffen.

Sonst ging es unter seiner Leitung mit uns immer mehr bergab. In der Kantine gab es bald gar nichts mehr zu kaufen. Auf alle unsere Wünsche und Beschwerden meinte er nur achselzuckend: „Liebe Frau, es geht Ihnen ja nicht allein so“, oder er sagte: „ Seien Sie froh, dass es noch so ist, es wird noch viel schlechter.“ Das war vielleicht richtig, aber eben doch eine sehr bequeme Art, sich alle Arbeit und Unannehmlichkeiten vom Halse zu schaffen. Manchmal versuchte er, Hitler zu kopieren, sah tief und wie hypnotisierend in unsere Augen und legte einem dabei fest und väterlich die Hand auf den Arm. In diesen Augenblicken war er mir so zuwider wie ein giftiges Reptil.

Die Bevölkerung benahm sich im Allgemeinen sehr reserviert bis zur Feindseligkeit. Es kam sogar vor, dass Kinder mit Steinen nach uns warfen, doch erlebten wir auch freundliche Momente, in denen die Kinder Kekse und Bonbons in die Hand gesteckt bekamen. Bei einem Bauern in der Nähe durften wir ab und zu heißes Wasser holen oder Weißbrot und Wurst kaufen. Die netteste war eine Frau Ohlsen, die selbst deutsche Verwandte hatte. Der Mann besaß eine kleine Landwirtschaft und außerdem eine Sauna. Sie erlaubte uns sogar, zu Ostern bei ihr einen Kuchen zu backen, wozu sie uns das Mehl gab. Jeder aber, der uns einmal etwas Gutes tat, bat ängstlich, nur ja nichts davon zu erzählen, da er sich dadurch ausgesprochen unbeliebt und später sogar strafbar machte.

An Taschengeld erhielten wir pro Tag eine Krone, die Kinder 50 Öre. Dieser Satz galt allgemein für alle Flüchtlinge, die keine besondere Arbeit leisteten. Große Sprünge waren damit nicht zu machen, und sparen konnte man erst recht nichts. Zunächst fehlten uns dringend einige Toilettensachen und Geschirr. Der sehr kleine Rest blieb fürs Essen übrig und langte nur für etwas Kuchen und Eier. Letztere wurden am meisten gekauft, da sie verhältnismäßig am billigsten und nahrhaftesten waren. Außerdem gab es sehr schöne Vollmilch und Schlagsahne zu kaufen, so viel man wollte. Später, als die erwähnten notwendigsten Anschaffungen gemacht waren, scheiterten wir immer wieder mit unserer Sparsamkeit an den Bäckerläden!

Viele Kinder sterben im „Roten Haus" in Hørby

Die sanitären Verhältnisse in Hørby waren ebenfalls sehr schlecht. Zweimal wöchentlich erschien ein ukrainischer Arzt, der zwar sehr freundlich war, aber nichts verstand. Er hatte auch weder Medikamente noch Instrumente zur Verfügung und hat meine Kinder nicht einmal untersucht. Im „Roten Haus" lagen mehrere Säuglinge mit Lungenentzündung krank. Sie starben alle nacheinander in erschreckend kurzer Zeit.

Einmal fand ich, als ich im Keller in einer Kammer eine Säge suchen wollte, dort zwei kleine Leichen in offenen Särgen liegen, und wenn man am Tag durch die Zimmer wanderte, so traf man jedes Mal auf ein kleines Kind, das im Sterben lag, und eine verzweifelte Mutter, die bei ihm wachte. So hatten wir das „Rote Haus" schon in „Totenhaus" umgetauft.

Auch meine beiden Kinder waren schon lange nicht mehr die hübschen, gepflegten, munteren Kinder, als die wir sie zu Hause kannten. Elend und apathisch lagen sie angezogen und frierend den ganzen Tag auf ihren Strohsäcken herum. Trostlos und unvergesslich waren später die Fahrten der trauernden Mütter zu dem vier Kilometer weit entfernten Friedhof, wo ein dänischer Pfarrer sprach, dessen Predigt niemand verstand. Herr Ohlsen war der einzige, der so viel Mut und Herz besaß, die Flüchtlinge hinzufahren. So fuhren die Mütter denn meist allein, in einem sehr einfachen offenen Wagen bei Sturm und Regen, den kleinen weißen Sarg auf dem Schoß. Wie leer und hoffnungslos traurig aber musste ihnen erst zu Mute sein, wenn sie vom Friedhof heimkehrten! Der dänische Arzt durfte nur in lebensgefährlichen Fällen geholt werden, das aber hieß mit anderen Worten, dass er nur noch den Totenschein auszustellen hatte. Er war an sich eine durchaus sympathische Erscheinung, konnte aber gegen die dänische Ärztekammer nichts unternehmen.

So kehrten auch bei uns Sorge und Krankheit ein und stellten unsere Nerven auf eine immer härtere Probe. Wie anders ist es doch auch, wenn man in dauernder Gemeinschaft und vor allem auch unter so sehr erschwerten Umständen lebt, als wenn man nur gesellschaftlich miteinander verkehrt. Lisa und ich hatten uns wirklich immer besonders gern gehabt, und doch! Auch hier musste ich wieder die Feststellung machen, dass gemeinsam ertragenes Leid, Beschwerden und Strapazen durchaus nicht immer zu einer festen, lebenslänglichen Gemeinschaft und Freundschaft führen, wie man es bei den Soldaten so oft erlebt hat.

Viel trug natürlich der beschränkte Wohnraum dazu bei, denn fast jeder Mensch braucht schon unter normalen Verhältnissen am Tag einige Stunden des Alleinseins. Das Schlimmste aber waren wohl die kranken Kinder, die uns Tag und Nach keine Ruhe ließen und uns auch körperlich sehr elend machten. Dazu drückten uns die seelischen Probleme so schwer, dass man manchmal gar nicht mehr Atem holen konnte.

Niemand von uns weinte, niemand sprach viel über sein Leid. Aber wenn man innerlich mit so viel Leid erfüllt ist und niemand damit belasten will, so wird man nach außen hin sehr kurz angebunden und längst nicht mehr so liebenswürdig, wie die Menschen einen von früher her kennen. Außerdem kommen dann wohl bei jedem besondere Charaktereigentümlichkeiten zutage, die bei so engem Verkehr für den anderen nur schwer zu ertragen sind und die das

Charakterbild eines Menschen in den Augen der anderen ungünstig und fremd erscheinen lassen.

Mit Frau Walter, die wir am wenigsten kannten, war das Verhältnis noch am reibungslosesten. Ich wurde immer stiller und bewegte mich immer öfter wie eine Schlafwandlerin. Weißt du, Liebes, auch du hast dich darüber schon öfter gekränkt. Aber bei mir ist eine solche Haltung sozusagen ein Schutzpanzer, ich ziehe mich bei großer innerer Belastung in eine Vorstellungswelt zurück, die mir glücklichere Zeiten und Stunden vorgaukelt. Auf diese Weise bringe ich es dann fertig, nicht völlig im Elend zu versinken, allerdings gebe ich dabei oft verkehrte Antworten, so völlig bin ich in dieser Traumwelt verankert. Ich kann es dir und Lisa und allen anderen Leuten, die mich so erleben, nicht verdenken, wenn sie sich darüber ärgern, es muss entschieden aufreizend wirken.

Lisa dagegen redete eher mehr als weniger, hatte sich so eine Art von Galgenhumor bewahrt und packte, wie es ihre Art war, alle Dinge frisch und unerschrocken an. Aber sie zeigte dabei eine immer stärkere Neigung zum Herrschen und Befehlen, was ich mir nun wiederum auch nicht gern gefallen ließ. „Mach mal jetzt dies, und hol mir jetzt das, zieh den Kindern die Trainingshose aus und gib ihnen nicht so viel zu essen."

Dann wurde der Ton immer inquisitorischer: „Wer hat hier den Kochtopf auf dem Tisch stehen gelassen? Wer hat heute verdunkelt? Zeig mal, was hast du heute eingekauft? Wie teuer? Von wo gekauft? Zeig mal her, was ist noch drin?" Dieser Kommandoton reizte mich allmählich beträchtlich. Es kam nie zu einem offenen Zank, und wir schluckten allen Ärger, der sich bei jedem über das Benehmen des anderen angesammelt hatte, tapfer herunter, weil sich wohl jeder ehrlich gestand, er selbst wäre auch kein Engel. Aber die, wie gesagt, einst so günstige Beurteilung des anderen bekam doch ein anderes Gesicht. Wären wir noch monatelang in diesem „Totenhaus“ gewesen, wäre es bestimmt zum Streit und vielleicht sogar zum Bruch gekommen; denn unser aller Nerven waren durch dieses trostlose, deprimierende Leben, wie gesagt, bereits bis zum Zerreißen gespannt.

Aber, liebes Herz, du willst sicher noch etwas über das Dorf Hørby wissen? Es bestand nur aus einer Hauptstraße und einigen Nebengassen, die alle erstaunlich sauber und gut gepflastert waren. Auch hatte der Ort, abgesehen von Konfektions- und Putzmacherläden, alle Geschäfte, um einzukaufen, was man zum Leben brauchte. Es gab z. B. eine Menge hübsches Spielzeug, schönes Geschirr, sogar kunstgewerbliche Gegenstände, elegante echte Spitzenkragen und vor allem in Toilettendingen alles, was das Herz nur begehrte.

Vielleicht erschienen uns die Läden zum Teil auch deshalb geradezu großstädtisch, weil wir alle diese Dinge in Deutschland nun schon jahrelang entbehren mussten. So war das Einkaufen für mich in Hørby die einzige Freude. Leider war sie auch nicht ohne Bitternis, denn mein kleines Taschengeld stand in umgekehrt proportionalem Verhältnis zu den Wünschen, die ich hegte.

Die Häuser des Dorfes machten durchweg einen stabilen, modernen, sauberen Eindruck, zum Teil waren es sogar sehr schöne Eigenheime mit Wintergärten und breiten Eckfenstern. An jedem Fenster grüßten blühende Blumentöpfe. Vor jedem Haus war ein hübsches, gepflegtes Gärtchen. Sauberkeit und Gepflegtheit ist mir übrigens überall in Dänemark aufgefallen. Der Stall des Bauern z. B., der uns ab und zu etwas verkaufte, glänzte förmlich vor Reinlichkeit, und die Frau war so hübsch und sauber gekleidet, als stünde sie hinter dem Ladentisch eines Konfektionsgeschäftes.

Die Landschaft war, so weit der Blick auch reichte, hügeliges Flachland. Es wurde ausschließlich Ackerbau und Viehzucht getrieben. Jeder Acker und jedes Weideland waren meist noch von einer

Hecke umgeben, und die Bauernhäuser trugen einen etwas anderen baulichen Charakter, sonst aber fand ich, wenn man vielleicht noch von den vielen Windmühlen absieht, wenig Unterschied mit unserer ostpreußischen Heimat.

Als sich in der letzten Zeit die Todesfälle häuften, fing der ukrainische Arzt wenigstens an, Krankenscheine auszustellen und die Kinder ins Lazarett nach der ca. 60 km entfernten Stadt Aalborg zu schicken. Nach 14 Tagen fuhren Lisa und Frau Walter mit ihren todkranken Säuglingen ebenfalls dorthin. Auch in meinem Hirn hämmerte Tag und Nacht nur noch der eine Gedanke: „Wie kommst du so bald wie möglich hier heraus?"

Da aber meine Kinder noch keine direkten Todeskandidaten waren, gelang es mir zunächst nicht, einen Krankenschein zu erhalten. Nach einer Woche, als der Lagerleiter gerade einen Tag abwesend war, konnte ich dem stellvertretenden Unteroffizier einen Fahrschein nach Aalborg abbetteln, um angeblich für zwei Tage zur ärztlichen Untersuchung mit den Kindern zu fahren. Um keinen Verdacht zu erregen, nahm ich nur die nötigsten Toilettensachen mit und gab den Zimmerschlüssel ordnungsgemäß im Hause ab. Aber als die Tür des „Totenhauses" hinter mir zufiel, wusste ich, dass ich nie mehr dorthin zurückkehren würde, es sei denn, um meine Sachen zu holen.

Von Hørby ins Krankenlager nach Aalborg

In Deutschland wäre es jeder Mutter ein trauriger Gedanke gewesen, ihr Kind in ein Krankenhaus geben zu müssen. Jetzt aber empfand ich es geradezu als eine große Gnade, die Kinder fortbringen zu können, da ich unter diesen Lebensbedingungen keine Verantwortung mehr für sie tragen mochte. Ich hatte nun das Gefühl, dass die Schaukel meines Lebens, die in Danzig so hoch hinaufgeschnellt und in Hørby so tief gesunken war, wieder langsam ein wenig höher schweben würde. Als wir im Zug saßen, erfasste mich geradezu eine fröhliche Erleichterung. Und als wir schon im nächsten Dorf wegen eines Motorschadens mehrere Stunden Aufenthalt hatten, konnte auch dies meiner Fröhlichkeit keinen Abbruch tun.

Ich ging mit den Kindern, die durch die Bahnfahrt etwas belebter als sonst schienen, auf Entdeckungsreisen. Mich packte, besonders da sich draußen der erste schöne Frühlingstag zeigte, ein plötzlicher Leichtsinn und eine ungeahnte Beschwingtheit. Da bei mir zur guten Laune auch die Instandsetzung meines Äußeren unerlässlich ist, so erstand ich zunächst einige hübsche Toilettenartikel. Sodann, freudig überrascht von den in den beiden Bäckerläden angebotenen Kuchenmengen, kauften wir reichlich Backwaren ein. Darauf begaben wir uns ins Hotel, tranken sehr teuren Kaffee aus silbernen Kännchen und verzehrten dabei die mitgebrachten Herrlichkeiten nebst viel Schlagsahne.

Als wir zum Bahnhof gingen, hatten wir natürlich keine Öre mehr. Vom medizinischen Standpunkt aus gesehen, war dieses entschieden sehr töricht, aber ich war an diesem Tag nun einmal in der Stimmung, ausschließlich törichte Dinge zu tun.

Der Zug, der uns nun endlich nach Aalborg brachte, war überheizt und überfüllt. Dänische Wandermusikanten spielten Volkslieder und Schlager; eine Menge deutscher Matrosen, die noch auf Heimaturlaub fuhr, saß und stand schwatzend und rauchend herum, während die dänischen Mitfahrer sich sehr reserviert verhielten, aber sehr gespannt der Unterhaltung lauschten.

Als wir einstiegen, machten die Matrosen sofort Platz und nahmen die Kinder auf den Schoß, an die Kekse und Bonbons verteilt wurden. Neben uns saß ein lustiges Freundespaar, ein langer blonder Holsteiner und ein kleiner dunkler Rheinländer, dessen Glutaugen sicherlich so leicht kein Mädel widerstanden hätte. Und richtig, begann er dann auch bald von einem Album mit 200 Frauen zu erzählen, die er alle geliebt hatte! Zweimal verlobt war er auch gewesen und sehnte sich nach so vielem Umherschwärmen allmählich nach einer festen Bindung. Dann fing er an, die Frau seiner Träume zu schildern. Natürlich musste sie bildschön sein, dazu ein guter Kamerad, mit dem man Pferde stehlen konnte, aber wiederum durfte sie um Gotteswillen nicht langweilig sein, sondern musste immer wieder neu und rätselhaft erscheinen. Dann wollten beide mein Alter wissen, schätzten mich zehn Jahre junger, und nun begann ein lustiges, harmloses Geplänkel zwischen uns, an dem bald auch unsere weitere Umgebung interessiert teilnahm. Beide glaubten noch einen Monat vor der Kapitulation felsenfest an unseren Sieg und waren von einem so echt jugendlichen, feurigen und mitreißenden Optimismus, dass selbst ich davon angesteckt wurde und mir plötzlich Leben und Zukunft gar nicht mehr so düster erschienen. Zum Schluss gaben mir beide noch viele gute Ratschläge, wie sie in sechs Wochen einen ganz anderen Menschen aus mir machen würden und was ich mir alles an guten, fetten Dingen einverleiben müsste, um wieder auf ein normales Gewicht zu kommen. Beim Abschied empfand ich fast ein wenig Neid auf so viel Jugendfrische und Schwungkraft, denn bei mir waren solche Momente jetzt nur wie das kurze Aufflackern einer verlöschenden Kerze.

Der erste Eindruck, den ich von dem neuen Aalborger Kinderlazarett hatte, war tief enttäuschend. Das war nicht etwa ein modernes Krankenhaus mit luftigen, hellen Räumen, sondern es bestand aus drei Baracken, die bis jetzt der Marine-Bord-Flak als Unterkunft gedient hatten. Jeder Raum war langgestreckt und sehr schmal, in jedem Zimmer standen zwei übereinanderliegende Betten, dazu war es ausgesprochen dunkel und muffig. Öfen waren nicht im Zimmer, das wie eine Schiffskoje wirkte. Die Öfen befanden sich im Flur und wurden mit Torf geheizt, rauchten viel und waren so überheizt, dass uns der Schweiß beim Eintritt gleich in Strömen ausbrach.

Schwester Edith, die gerade fiebermessend durch die Räume ging, war ein liebenswürdiger, herzenswarmer Mensch. Sie wurde von einem Bordmechaniker begleitet, der ihr half, die Fiebertabellen einzurichten. Lisa begrüßte uns etwas eilig. Sie hatte sich bereits einen weißen Mantel umgenommen und half schon eifrig beim Saubermachen der Kinder. Diese lagen zu vieren in einem Bett, meine beiden kamen unglücklicherweise nach oben zu liegen, und Olaf ist im Laufe der nächsten Wochen mehrmals herausgefallen. Im Augenblick aber waren beide so todmüde, dass das Gebrüll beim Abschied nicht so heftig ausfiel, wie ich gefürchtet hatte.

Auch Lisa wurde in ihrer Tätigkeit bereits von einem Matrosen unterstützt, überhaupt, in welches Zimmer man auch blickte, überall gingen Matrosen aus und ein. Ich saß sehr erschöpft, sehr enttäuscht und bar allem optimistischen Schwung in dem sehr spärlich erhellten, engen, nach Torf stinkenden Flur, während die kranken Kinder alle durcheinander wimmerten und weinten.

Dann führte mich Lisa zu der nebenan gelegenen, noch leeren Baracke, wo wir beide schlafen sollten. Ich konnte ihr meine Enttäuschung nicht verheimlichen. „Ja, was erwartest du denn?", fragte sie ärgerlich, „du musst doch bedenken, dass alles erst im Entstehen ist und dass uns so wenig Mittel zur Verfügung stehen. Der Stabsarzt ist Kinderspezialist und kommt mehrmals in der Woche, Medikamente sind da und die Diätkost für die Kinder ebenfalls." „Ja, aber", meinte ich zögernd, „der ganze Zuschnitt ist so merkwürdig, die vielen Matrosen überall ...." „Wenn wir die Matrosen nicht hätten, könnten wir alle einpacken", unterbrach mich Lisa scharf. „Und dann die schlechte, rauchige Luft, das Bettzeug sah so schmutzig aus", fuhr ich fort. „Ach", meinte Lisa kurz, „die Kinder haben Wärme, gute Kost und ärztliche Behandlung. Gegen Hørby ist das alles wunderbar, ich begreife deine Ansprache nicht."

Ich war still, aber nach einer Weile meinte ich: „Weißt du, ich selbst habe jetzt auch genug von der Primitivität. In Hørby war es schon so scheußlich, und nun liegen wir hier in dieser rauchigen Baracke in unseren schmutzigen Skihosen und dem alten Pelz, nein, ich will nicht mehr, und ich kann auch nicht mehr, ich fühl mich hundeelend, der Husten quält mich nach wie vor. Nun, wo die Kinder unter ärztlicher Betreuung sind, will ich auch einmal an mich denken. Ich möchte jetzt einige Tage völlige Ruhe haben, aber nicht hier, sondern in einem freundlichen Zimmer mit weiß bezogenen Betten, Blumen und möglichst Zentralheizung."

Lisa lachte höhnisch: „Liebes Kind, du scheinst mir nicht mehr recht bei Sinnen. In den Krankensälen liegen die Menschen in Massen in einer Reihe auf der Erde, außerdem denkst du, mir ist nicht auch elend zu Mute? Und wie sehr quält mich die Sorge um mein

Kind! Krank sind wir wohl alle, aber das dürfen wir uns einfach nicht leisten. Es gibt für uns jetzt immer nur das eine: gesund und widerstandsfähig bleiben, an die Kinder denken, Zähne zusammenbeißen und alles ertragen. Wer das nicht will, geht vor die Hunde." Ich zuckte die Achseln. „Ich werde mich auch auf andere Weise behaupten", sagte ich eigensinnig.

Am nächsten Tag untersuchte der Arzt meine Jungen. Er fand Lunge und Herz gesund, sagte aber, dass man bei derartig langwierigen und schweren Ernährungsstörungen nie wissen könnte, ob sie durchkämen. Das machte mir in der nächsten Zeit schwere Sorgen. Ich selbst begab mich in die Stadt zur Ortskrankenstube, um mich dort untersuchen zu lassen. Stabsarzt Dr. Steinbach hörte mich freundlich an und stellte dann gleich fest, dass bei mir wahrscheinlich nur die Nerven an allem schuld wären und ich einige Tage völlige Ruhe brauchte. Als ich ihm herzlich danken wollte, dass er mich aufnahm, meinte er, ein ganz klein wenig spitzbübisch: „Lassen Sie nur, wir sehen auch einmal gern etwas Nettes und nicht immer nur alte, todkranke Leute. Auf Nr. 6 ist noch ein Bett frei, das ist das hübscheste Zimmer, was wir hier haben, nicht nur, was den Raum, sondern auch was die Patienten anbetrifft."

Und wirklich, nun lag ich in einem sonnigen, luftigen Raum mit Zentralheizung, fließend Warm- und Kaltwasser und vielen Blumen in einem weiß bezogenen Bett. Gab es da wirklich noch Menschen, die behaupteten, es gäbe keine Wunder? Ich erhielt Opium, Luminaletten, Phanodorm und nochmal Phanodorm und befand mich daher in den nächsten Tagen in einem wunderbar angenehmen Dämmerzustand. „Sie müssen schlafen, schlafen und nochmals schlafen und einmal alles vergessen", sagte Dr. Steinbach jedes Mal bei der Visite zu mir. Mit mir zusammen in diesem freundlichen Zimmer lagen noch zwei junge Mädchen. Die eine war Nachrichtenhelferin und hatte schon ein sehr bewegtes Leben hinter sich. Als Tochter eines Obersten, der mit einer ungarischen Pianistin verheiratet war und ein Rittergut am Bodensee hatte, war sie zunächst Reitlehrerin geworden, dann sieben Jahre bei der Frau eines Generals Gesellschafterin gewesen und hatte mit ihr weite Reisen in aller Herren Länder unternommen. Schließlich wurde sie als Nachrichtenhelferin eingezogen.

Die Umstellung war ihr zunächst sehr schwergefallen, sie hatte sich aber tapfer in alles hineingefunden und hielt mit den anderen Mädels gute Kameradschaft. Da sie sehr sprachkundig war, diente sie häufig als Dolmetscherin. Wahrscheinlich rollte in ihren Adern viel Ungarnblut, denn sie war von einer ungeheuer temperamentvollen geistigen und körperlichen Beweglichkeit, dazu von herzgewinnender Liebenswürdigkeit und Heiterkeit. Ich hatte sie vom ersten Augenblick an sehr in mein Herz geschlossen und habe sie auch später noch einige Male besucht. Sehr freigebig und mitleidig, schenkte sie mir Geld, echten Tee, Bohnenkaffee und Zucker.

Nur ihr Verhältnis zum anderen Geschlecht war etwas undurchsichtig. Eigentlich hatte sie von morgens bis abends Herrenbesuche. Meist waren es Ärzte oder Offiziere, die ihr Rosen brachten und lange und zärtlich an ihrem Bett saßen. Ihr anerkannter Freund war „Hermännchen", ein bildschöner Leutnant, der bestimmt zehn Jahre jünger war als Ellen. Wenn sie nicht Besuch hatte, saß einer der Sanitäter bei ihr. Sie war 30 Jahre alt und angeblich verlobt mit einem 50-jährigen Kapitän, von dem sie nur selten sprach. Sie litt an Magengeschwüren, musste viel hungern und hatte oft Schmerzen, trotzdem war sie immer fröhlich und beschwingt.

Die dritte Patientin war ein junges Mädel aus Danzig, die bis zu ihrer Flucht im Vorzimmer des Danziger Gauleiters gearbeitet hatte. Sie redete fast ununterbrochen in gleichmäßig freundlichem, wenig modulationsfähigem Ton über ihre Vorzimmererlebnisse, über die Flucht, über ihr Lager in Dänemark, vor allem aber über ihre vielen Danziger Freunde, mit denen sie in der berühmten Weltuntergangsstimmung, die der Flucht aus Danzig voranging, noch herrliche Stunden verlebt hatte. Ihr „eigentlicher Freund" war Schriftsteller, und ich musste seine Denksprüche und Hymnen lesen, die, so schien es mir, seinem Lieblingsdichter Hölderlin allzu ähnlich sahen. Aber ich konnte wohl kein rechtes Urteil abgeben; denn wenn man mit Opium und Phanodorm gefüttert wird, ist man wenig aufnahmefähig.

Manchmal verwünschte ich beinahe Ellens Besucher und das unaufhörlich wie ein Bächlein dahinplätschernde Geplauder der kleinen Vorzimmerdame, die sich zwischendurch sogar bemühte, Hölderlinsche Gedichte zu verstehen. Manchmal stieg auch eine große Bitterkeit und Verlassenheit in mir auf, dass ich nun so allein lag (nicht einmal Lisa ließ sich blicken), dazu noch ohne Nachthemd, ein altes Landserhemd musste diesen Dienst tun, ohne Blumen, ohne Handkuss und besorgte zärtliche Nachfragen nach meinem Ergehen. Da habe ich mir oft die Lippen fast blutig gebissen vor innerer und äußerer Einsamkeit, aber im Ganzen waren es doch glückliche Tage, die ich in der Ortskrankenstube verbrachte. Oft wünschte ich sogar, sie möchten niemals enden.

Wieder im Kinderlazarett angelangt, erfuhr ich, dass der Arzt mit Axel und Olaf sehr zufrieden war. Beide bekamen sogar Sonderkost mit Röstschnitten, viel Kartoffelbrei, Apfelmus und frischem Gemüse. Nur wurde die Baracke, in der ich in den ersten Nächten geschlafen hatte, nun auch als Lazarett eingerichtet, und so musste ich auf Quartiersuche gehen. Durch Vermittlung einer Dame, die ihre Kinder ebenfalls im Lazarett hatte, kam ich bald in deren Lager vorläufig unter.

Dieses Lager lag fünfzehn Minuten Fußweg vom Lazarett entfernt, umfasste nur ca. 50 Flüchtlinge und war der Wehrmacht angeschlossen. Man kam mir freundlich entgegen und machte mir meines Fortzuges von Hørby wegen keine Schwierigkeiten. Hier bewohnte ich ein geräumiges Zimmer mit vier Betten, das sogar eine Sitzecke mit rundem Tisch, Decke und Blumenvase aufwies. Ich hatte eines der oberen Betten inne, unter mir lag eine alte Schifferfrau aus Memel. Sie war still, zurückhaltend und sehr empfindlich, liebte nichts so sehr als ihr Zuhause und ihren Garten und war daher besonders unglücklich hier in der Fremde. Da sie nur leben konnte, wenn sie Arbeit hatte, tat sie viel Gutes für die Soldaten, ohne an Lohn oder Dank zu denken. Sie war eine sehr fromme Christin und machte sich oft die größten Vorwürfe über ganz kleine Verfehlungen, die ja nur allzu menschlich sind, wie z. B. Unliebenswürdigkeit, Reden über andere Menschen und kleine Unterlassungssünden. Eines Abends, als wir allein waren, hatten wir einmal ein stundenlanges Gespräch über religiöse Dinge. Ich staunte, wie tief, wie wahr, wie streng gegen sich selbst und wie leidenschaftlich diese einfache alte Frau empfand und dachte. Sie weinte und schüttete mir ihr ganzes Herz aus, alle ihre Zweifel und quälenden Selbstvorwürfe. Seitdem herrschte zwischen uns beiden ein ganz besonders schönes Verstehen ohne Worte.

Die beiden anderen Betten hatten eine Mutter mit ihrer Tochter inne. Sie stammten von einem kleinen ostpreußischen Bauernhof. Die Mutter hatte vor zwei Jahren ihren einzigen Sohn im Krieg verloren, seither war ihr das Leben gleichgültig geworden. Sie bangte sich kaum nach Hause und schon gar nicht nach der Bauernarbeit. Die Tochter war ein etwas oberflächliches, lustiges und derbes Mädel von 20 Jahren. Sie arbeitete im gleichen Kinderlazarett als Helferin und war dort wegen ihrer Frische und Munterkeit sehr beliebt. Ihre Hauptleidenschaft aber waren die Männer. Ob Soldaten oder Matrosen, ob Gefreiter oder Wachtmeister, ihr Herz hatte für alle Platz. Sie ließ sich von allen Geschenke machen, kam stets sehr spät nach Hause und genoss das Leben, so sehr sie nur konnte. Die Mutter war darüber ziemlich unglücklich, aber völlig machtlos.

Das war unsere Zimmergemeinschaft, die ich eigentlich nur zum Schlafen teilte. Gegessen wurde gut und reichlich unten im Speisesaal. Alles war bestens geregelt und gegen Hørby geradezu paradiesisch.

Es zeichnet sich immer deutlicher ab: Deutschland verliert den Krieg

Im Flur hing eine große Landkarte von Deutschland, und einer der Soldaten steckte täglich darauf nach den Wehrmachtberichten die Gebietsveränderungen ab. Im Vorübergehen warf ich täglich einen Blick auf diese Karte. Deutschland schien mir manchmal nur noch ein schmaler Korridor, ich hatte schon ganz die Übersicht verloren. Wo waren denn nun eigentlich die Russen, und wo standen bereits die Engländer und Amerikaner?

Und immer noch redete Goebbels im Rundfunk in seiner wöchentlichen „Märchenstunde" von Aushalten, von großen Veränderungen, die noch kommen sollten, vom Recht, das auf unserer Seite war, und dass sich niemand einbilden sollte, wir würden wie 1918 fünf Minuten vor zwölf die Waffen niederlegen. Ich habe es nie begreifen können, wie ein Mensch es fertigbringen konnte, jahrelang derartig frech sein Volk und die ganze Welt zu belügen.

Aber natürlich, so sagten die meisten sich bitter, unserer Regierung musste es ja nach einem verlorenen Krieg am schlechtesten gehen. Und so opferte man lieber noch Jahre hindurch Menschen und Material und ließ alles ringsum zerstören, bevor man sich selbst auch nur eine Minute früher als unbedingt nötig preisgab. Die meisten hatten eine ohnmächtige Wut auf die Regierung. Der einzige glühende Wunsch, den jeder noch hegte, war der, seine Angehörigen gesund wiederzufinden. Sonst machten sich fast alle auf ein baldiges Ende mit Schrecken gefasst.

Die meisten von uns hatten wohl das Gefühl, als säßen sie in einem, in voller Fahrt befindlichen Auto, dessen Bremse und Steuerung versagten. Im Hintergrund gähnte ein Abgrund, auf den sich der Wagen zubewegte. Was in den nächsten Minuten sich ereignete, musste entsetzlich sein. Man konnte es sich im Einzelnen gar nicht ausmalen und wollte es auch gar nicht.

Dieses führte zu einer merkwürdigen, sogenannten Weltuntergangsstimmung, die stets den Zeiten völliger Auflösung voranzugehen pflegt. Fast jeder, besonders natürlich die Jungen und Jüngeren, versuchten, noch so viel wie möglich aus dem Leben herauszuholen. Manche beschränkten sich dabei nur auf materielle Dinge. Bei ihnen drehte sich alles um Kronen. Sie versuchten, einen Posten in Küche oder Büro zu erhalten, um Geld zu verdienen, und hatten die fixe Idee, nur recht viel und recht gut essen zu müssen ,um den Strapazen, die sie in Deutschland erwarteten, gerecht werden zu können.

Bei einigen ging diese fixe Idee sogar so weit, dass sie ihre Kinder abrichteten, die Soldaten um Kronen anzubetteln, und sie schlugen, wenn sie nichts nach Hause brachten. Es mutet wie das Märchen von der bösen Stiefmutter an, beruht aber tatsächlich auf Wahrheit. So war auch vielen Frauen die Liebe nur Mittel zu diesem Zweck. Ich weiß von einer Offiziersfrau, die ihre Kinder zunächst auch in ein Marinelager nach Kronen ausschickte und die ihnen später dann sogar ihr Bild mitgab mit dem Befehl, sie sollten es herumzeigen und sagen, dies wäre ihre Mutti und die wünschte, Herrenbekanntschaften zu machen!

Die „dänische Liebe“ blüht

Aber auch sonst blühte die Liebe in Dänemark, so wie ich es noch zu keiner Zeit und an keinem Ort erlebt hatte. Gleich, ob Frauen oder Männer, ledig oder verheiratet, ob sie Kinder hatten oder nicht, ob sie in glücklichen oder unglücklichen Familienverhältnissen gelebt hatten, jeder sehnte sich nach Liebe, Zärtlichkeit, Verständnis und Gemeinsamkeit. Die Frauen wussten nicht, wo ihre Männer kämpften und ob sie noch lebten. Die Männer ahnten nicht, wo sich ihre Frauen und Kinder aufhielten und welche Strapazen und Entbehrungen sie vielleicht erdulden mussten. Viele glaubten gar nicht mehr an ein Wiedersehen.

Die Angst vor dem Kommenden saß jedem im Nacken und würgte ihm fast die Kehle ab. War man allein, so drohten einen die Sorgen aufzufressen. Also suchte jeder, auch die älteren bravsten Familienväter und die früher so sittenstrengen Hausfrauen und Mütter nach einer gleichgestimmten Seele, die über die zermürbende Wartezeit hinweghalf, die sie noch von der gefürchteten Katastrophe trennte.

Im Kinderlazarett, wo die „blauen Jungen“ und die jungen Helferinnen und Schwestern täglich so nahe beieinander waren, blühte diese „dänische Liebe“ besonders üppig. Jede hatte ganz öffentlich ihren anerkannten Freund, die Schwestern, einschließlich der Oberschwester, empfingen schon nachmittags Soldatenbesuche, und nach wie vor gingen zu jeder Tages- und Nachtzeit Matrosen in den Lazarettbaracken aus und ein. Ja, bald hatte sich die Sitte herausgebildet, dass die Matrosen den Helferinnen bei der Nachtwache Gesellschaft leisteten. Die Helferinnen zeigten sich ihrerseits erkenntlich und besuchten wiederum ihre Freunde auf der Wache, wenn diese Dienst hatten und nicht hinaus durften.

Es dauerte gar nicht lange, so wurden auch die Mütter, die im Lazarett bei ihren schwerkranken Kindern wohnen durften, von dieser geradezu ansteckenden Liebessehnsucht gepackt. Sie saßen bei ihren schon oft im Sterben liegenden Kindern oder trugen diese, in Decken gehüllt, in die Sonne, und mittags, wenn sie das Essen aus der Marineküche holten, trafen sie Verabredungen für den Abend. Die Matrosen liebten die Kinder oft wie ihre eigenen und waren rührend um sie besorgt. Ich habe es eigentlich erst seit unserer Flucht so recht empfunden, einer wie zärtlichen und leidenschaftlichen Liebe Männer für Kinder fähig sind.

Auch meine beiden Jungen waren begeistert über die vielen Onkels, die ihnen oft Bonbons und Kuchen zusteckten. Besonders Olaf, der schon von Anfang an sich sehr zu Männern hingezogen fühlte, ließ sich von keiner Frau auf den Arm nehmen, während er ohne Bedenken mit jedem Mann mitging. Er fand dann auch bald einen besonderen Verehrer, einen kleinen Matrosen mit schwarzem Kraushaar, der täglich mit ihm spazierenging (ich lag während dieser Zeit in einem anderen Krankenhaus). Als die Marine bald nach der Kapitulation abrückte, soll der kleine Matrose immer wieder die Schwestern ermahnt haben, sie möchten doch nur ja auf Olaf gut achtgeben.

Auch Lisa war dem allgemeinen Liebestaumel verfallen. Sie wirkte um zehn Jahre jünger und wurde zusehends hübscher und immer temperamentvoller. Ihr Freund war ebenfalls ein Matrose, der viel in der Welt herumgekommen war. So war ich nun aber in die missliche Lage geraten, dass ich, wo ich mich auch hinwandte, auf Pärchen stieß, und welche meiner Bekannten ich auch besuchte, diese fast immer in Herrengesellschaft fand. Ich hatte dauernd das

Gefühl zu stören und zog mich immer mehr in mich selbst zurück. Langeweile hatte ich nie. Täglich durfte ich ja die Kinder besuchen und öfters sogar schon mit ihnen spazierengehen. Wir wanderten dann meist in den nahe gelegenen wunderschönen und gepflegten Park, saßen auf einer Bank in der Sonne und beobachteten die eleganten Vorübergehenden und die spielenden Kinder, die meist so hübsch und gepflegt und gut angezogen waren, als wären sie aus einer Modezeitschrift herausgeschnitten.

Meine beiden dagegen hatten fast wächserne Gesichtchen, die mit dicken Wollschals umhüllt waren. Die Mäntel waren schmutzig und vertragen, und die Augen blickten todernst und traurig in die Welt. Du glaubst gar nicht, liebes Herz, wie sehr und wie tief mir ihr Anblick ins Herz schnitt! Es folgten uns dann auch häufig viele erstaunte Blicke, begleitet von mitleidigen, verachtungsvollen oder höhnischen Bemerkungen. Trotzdem ging ich lieber weiter mit den Kindern in den Park, als dass ich mich dauernd mit ihnen im Lazarett aufhielt. Warum sollten wir uns nicht auch an den blühenden Blumenrabatten, den Goldregen- und Fliederbüschen und den vielen eleganten Menschen freuen? In Deutschland würde auch dieses nicht mehr möglich sein.

Ich begann schon in dieser Zeit, mich immer weniger wohl zu fühlen. Möglich, dass es mit den chronischen Ernährungsstörungen zusammenhing, möglich auch, dass sich die Strapazen der Flucht erst jetzt recht auswirkten und meine Widerstandskraft immer mehr aufzehrten. Jedenfalls konnte ich oft kaum noch den Kinderwagen schieben, Appetitlosigkeit und Übelkeit wechselten mit Heißhunger, eine beginnende Schwäche nötigte mich, bei Spaziergängen häufig auszuruhen, und vor dem Treppensteigen hatte ich regelmäßig Angst wegen zunehmender Atembeschwerden. Die Sorge um die Kinder und meine eigene körperliche Schwäche wirkten natürlich auch auf meine Stimmung, und das Sichausgestoßenfühlen aus der allseitigen Zweisamkeit trug auch nicht gerade dazu bei, meine so gesunkenen Lebensgeister zu heben.

Ja, ich gebe es offen zu, ich selbst konnte mich auch nicht mehr ganz freimachen von der Angst vor dem Kommenden und der Sehnsucht nach einem Menschen, der ein wenig für uns sorgte, der an all unseren kleinen Erlebnissen warmen Anteil nahm, der an uns dachte, wenn wir fern waren, der sich vor allem auf uns freute und mir über bange Stunden des Alleinseins durch seine Gegenwart hinweghalf. Auch dieser Wunsch fand, wie merkwürdigerweise so viele meiner Träume und Wünsche, bald Erfüllung.

Die Bekanntschaft wurde eines Tages rasch und ungezwungen auf einer Parkbank geschlossen, wo ich wieder einmal mit den beiden Kindern Sonne und Frühlingsluft genoss. Er war Gefreiter bei der Flak, hieß Erwin, stammte aus Köln, war im Zivilberuf Kaufmann, unverheiratet und genauso alt wie ich. Erwin hatte Kinder sehr gern und war ein offener und sehr unkomplizierter Charakter. Natürlich hörte ich auch von seinen Wünschen, seine zukünftige Frau betreffend. Größte Ordnung und Eigenheit in allen Dingen schien für ihn oberstes Gesetz. Damit parallel gingen unbedingte Offenheit und gegenseitiges letztes Verständnis beider Ehepartner. Lächelnd musste ich an den kleinen glutäugigen Matrosen im Eisenbahnzug denken, der gerade verlangte, seine zukünftige Frau müsse ihm immer ein Rätsel bleiben.

Eigentlich war gegen Erwins Benehmen, Charakter und seine sehr ernste Auffassung von der Ehe absolut nichts einzuwenden, und so hätte ich wohl glücklich sein müssen, einen so offenen, sympathischen und rechtlich denkenden Menschen gefunden zu haben. Leider war ich's aber durchaus nicht. Einmal fühlte ich mich ihm in geistiger Beziehung überlegen, und überhaupt empfand ich bei unserer Bekanntschaft besonders deutlich, wie himmelweit doch Sympathie und Liebe voneinander entfernt sind. So quälten wir uns beide einige Wochen herum, denn ich wollte ihn nicht verletzen, doch erschien es mir oft, als kämen wir von zwei ganz verschiedenen Welten, zu denen es keine Brücke gab. Er wurde nicht klug aus meinem Verhalten und machte sich darüber bittere Gedanken. So wünschte ich denn, nachdem ich erst vor vierzehn Tagen eine mitfühlende Seele so heiß ersehnt, das Schicksal möchte unsere Wege bald wieder rasch und schmerzlos voneinander trennen. Nun, das Schicksal erfüllte mir auch diesen Wunsch, aber darüber berichte ich später.

Umzug zum Fliegerhorst bei Aalborg (Nørresundby)

Mein Aufenthalt in Dänemark schien sich aus zwei Faktoren zusammenzusetzen: Krankheit und alle drei Wochen Umzug, und so schob sich die Frage der Quartiersuche zunächst wieder drohend und dringend in den Vordergrund. Mein jetziges Quartier sagte mir durchaus zu und wäre auch für die Kinder nicht schlecht gewesen. Doch nun teilte man mir dort mit, dass in Kürze noch 36 Nachrichtenhelferinnen hier ankommen würden und ich als Gast hätte daher das Zimmer sobald wie möglich zu räumen.

Ja, da saß ich wieder einmal auf der Straße und wusste nicht, wo ich mein Haupt niederlegen würde! Da die Kinder, die nun bald entlassen werden sollten, noch Wärme und Diätkost brauchten, musste es auch noch ein besonders gutes Quartier sein.

Ich entschied mich für ein Lager im Fliegerhorst bei Nørresundby, der nördlichen Vorstadt von Aalborg, das acht Kilometer von der Stadt entfernt lag, Autobusverbindung hatte, besonders gutes Essen, kleine helle Räume mit zwei bis drei Betten und Zentralheizung. Eine Diätküche war ebenfalls vorhanden. Die Erlaubnis des Lagerleiters vom Fliegerhorst hatte ich bereits eingeholt, doch bevor ich einziehen konnte, musste der Kreisleiter auf dem Aalborger Konsulat seine Einwilligung dazu geben. Kreisleiter Braun kannte ich bereits von einer Visite im „Roten Haus“ und wusste, dass ich von ihm nichts Gutes zu erwarten zu hatte, aber dass er mich derartig unverschämt behandeln würde, hätte ich mir doch nicht träumen lassen. Er fertigte mich im Flur wie einen Bettler ab, brüllte mich an, wie ich dazu käme, so eigenmächtig zu handeln, er dächte gar nicht daran, mich im Fliegerhorst wohnen zu lassen.

„Herr Jacobs, der Leiter unseres Lagers in Hørby hat mir sagen lassen, ich solle umgehend meine Sachen holen, mein Zimmer müsste aus Platzmangel in nächster Woche belegt werden", sagte ich. „Das ist egal", brüllte er zurück. „Sie werden doch wieder nach Hørby zurückgehen, es geht nicht, dass täglich fünf bis sechs Leute zu mir kommen, die ihren Wohnsitz ändern wollen."

„In meinem Fall kann aber eine Ausnahme gemacht werden", meinte ich, „denn unter den Lebensbedingungen, wie sie in Hørby herrschen, können meine Kinder nie gesund werden." Und er: „Dann bleiben sie eben solange im Lazarett, bis sie wieder gesund sind." Und ich: „Das Lazarett ist aber kein Erholungsheim und so überfüllt, dass niemand länger als unbedingt nötig dort behalten wird." Er brüllte zurück: „Sie haben das Lager heimlich und ohne Abmeldung verlassen. Ehe mir Jacobs, vor den ich mich in jedem Falle schützend stelle, nicht Bericht erstattet hat, werden Sie gar nichts unternehmen, in den Fliegerhorst kommen Sie jedenfalls nicht, und zunächst fahren Sie allein nach Hørby zurück."

Darauf knallte er wütend die Tür zu und ließ mich stehen. Mir waren die Tränen der Wut in die Augen getreten, und als ich an diesem kalten, stürmischen Apriltag bis ins Innerste frierend über die große Brücke ging, sah ich lange und wie gebannt auf das bewegte Wasser des Fjords und konnte es nicht verhindern, dass ich immer wieder dachte: „Lägest du mit den Kindern da unten, da wüsstest du wenigstens, wo du für immer in Ruhe schlafen könntest."

Natürlich gab ich den Kampf nicht auf. Zunächst fuhr ich für einen Tag nach Hørby, um meine Sachen abzuholen. Wir hatten uns damals in Hørby von den abrückenden Soldaten zwei Schemel und einen Tisch nebst etwas Holz besorgt. Nun, als ich dort ankam, entbrannte zwischen den Einwohnern der Krankenstube und denen des Nebenzimmers ein wilder Kampf um diese kostbaren Dinge. Ich versuchte, allen Teilen gerecht zu werden, da stürzte die intrigante Schwester herein und behauptete, alles müsse so bleiben, wie es wäre, da hier morgen schon Kranke einziehen sollten. Als sie hinaus war, weinten und schrien alle durcheinander, wie ihnen hier das Leben zur Hölle gemacht würde, und verfluchten die Krankenschwester.

Das Essen war inzwischen noch viel schlechter geworden. Ich bat in der Küche um einen Teller Suppe. Da wurde mir zunächst hoheitsvoll bedeutet, dass niemand die Küche zu betreten hätte, dann nachgerechnet, wie viele Portionen noch zu verteilen wären, und unter langen Predigten reichte man mir schließlich zögernd einen Teller dünner Kartoffelsuppe. Die gelähmte Frau aus der Krankenstube schluchzte und verwünschte ganz Hørby, wollte mich gar nicht fortlassen und fragte immer wieder, wie ich es nur fertigbekommen hätte, Hørby den Rücken zu kehren. Zwischendurch zählte sie dann auf, wer alles aus dem „Roten Haus" während meiner Abwesenheit gestorben wäre.

Sobald ich alles gepackt hatte, ging ich sofort zum Bahnhof. Zwar war es noch bis zur Abfahrt einige Stunden Zeit, aber keine Macht der Welt sollte mich bewegen, noch eine Minute länger als unbedingt nötig im „Totenhaus" zu bleiben. Auch Herr Kreisleiter Braun würde mich dazu nicht zwingen können, das stand bei mir felsenfest.

Schon am nächsten Tag begab ich mich wieder zum Konsulat, um dieses Mal den Konsul persönlich zu sprechen. Ich hatte Glück, wurde vorgelassen, und in fünf Minuten hatte ich erreicht, was ich wollte. Das Quartier im Fliegerhorst war mir und den Kindern sicher.

Meine Ankunft im Fliegerhorst vollzog sich an einem sehr kalten, trüben Regentag. Im Gegensatz zu dem Lazarettlager, wo alles so eng beieinanderlag, war das Gelände hier sehr ausgedehnt. Man sah, so weit das Auge reichte, nichts als kahle Felder, von endlosen Rollbahnen durchzogen. So kam ich mir vor, als wäre ich auf eine einsame Insel verschlagen.

Bereits am nächsten Tag ergab eine ärztliche Untersuchung, dass ich mich ins hiesige Krankenrevier begeben musste, doch bat ich mir die Erlaubnis aus, vorher noch einen Tag bei meinen Kindern in Aalborg verbringen zu dürfen. Sie sollten, obwohl eigentlich schon gesund, noch dort bleiben, da im Krankenrevier des Fliegerhorstes kein Platz für sie war. Als ich durch die Hauptstraße Aalborgs schlenderte, fragte ich mich, ob ich wohl auch noch einmal im Leben wieder, gut angezogen, mit Päckchen und Blumen beladen, durch die Straßen einer Stadt zu meiner eigenen Wohnung gehen würde. Es war unausdenkbar, dass es nicht sein sollte und ebenso unausdenkbar, dass dies doch noch einmal sein würde.

Im Lazarett angekommen, fasste mich wieder, wie schon so oft, „der Menschheit ganzer Jammer an". Da lagen sie immer noch zu vieren in einem Bett und zu achten in der schmalen, muffigen „Schiffskoje", kleine bedauernswerte Jammergestalten, die aussahen wie Abbildungen aus Elendsvierteln der Weltstädte, die man uns früher als abschreckendes Beispiel gezeigt hatte.

Und täglich starben in unserer Baracke drei bis vier Kinder. Die meisten bekamen Masern und anschließend Lungenentzündung, der sie dann bald erlagen. Und während ich meine nun verhältnismäßig gesunden Kinder mit Keksen fütterte, spielte sich im unteren Bett wieder einmal eine jener Tragödien ab, die hier schon an der Tagesordnung waren. Ein kleines Mädchen, zart und schön wie ein Engel, lag in den letzten Zügen. Vergebens hatten sich Mutter und Schwester bemüht, durch Spritzen und künstliche Atemübungen das kleine Leben zu verlängern. Nun hatte sich die Mutter wild schluchzend über das sterbende Kind geworfen: „Röschen, mein Engel, mein süßes einziges, geliebtes Kind, nein, nein, es kann ja nicht wahr sein, ich kann's nicht glauben, und ich werde es nie verwinden können. Sie war doch so frisch und gesund in Deutschland, und nun sollen wir sie hier kalt und tot in fremder Erde zurücklassen? Und was wird der Papa sagen, der sein Röschen über alles liebte? Rosmarie, Liebling, so wach doch auf, so sieh mich doch noch einmal an, so sag doch etwas, Kind, geliebtes, unvergessliches Kind."

Draußen flirtete eine Helferin mit einem Matrosen, die Leute von der Verwaltung spielten lachend Handball, auf dem Rasen saß eine Mutter wie erstarrt mit einem sterbenden Kind im Arm, und Olaf krähte von seinem Bett fröhlich herab: „Mutti, hast du auch gestorben?", während Axel wichtig bemerkte: „Sei bloß froh, Mutti, dass wir noch nicht gestorben sind. Der Waldemar in unserem Bett starb gestern Nacht."

Oh, Liebes, was war das doch in Deutschland für ein unendliches Leid, wenn ein Kind starb! Besinnst du dich noch auf den ziemlich plötzlichen Tod der kleinen Leni im Nachbarhaus? Wie tief habe ich damals mitgefühlt, wie sehr immer wieder versucht, mich in den Schmerz der Mutter hineinzuversetzen, und am Begräbnistag war ich ganz krank vor aufrichtigem Mitleiden.

Jetzt dachte jeder ganz anders darüber. Wir alle hatten inzwischen zu viele Menschen sterben sehen, besonders Kinder und alte Leute. Wir hatten alle zu viel Leid und Elend durchgemacht, und die nahe und ferne Zukunft lag so ungewiss und düster vor uns, dass wir uns nur immer fragten: „Ja, dürfen wir denn überhaupt noch wünschen, dass die Kinder leben bleiben, sind sie nicht für immer ohne Heimat, ohne Besitz, ohne Angehörige und werden in fremdem Geist erzogen? Hier hat man noch einen stillen Friedhof und einen Pfarrer, vielleicht wird man sie auf der Rückreise sterbend auf der Landstraße zurücklassen müssen? Vielleicht droht ihnen der Hungertod oder ein langsames Dahinsiechen, dem die Mütter ohnmächtig und qualvoll zusehen müssen?" Nein, man durfte eigentlich gar nicht klagen, sondern nur sagen: „Was Gott tut, das ist wohlgetan." Aber wir sind allzu menschlich, um uns zu dieser Größe durchzuringen, wir können es wohl für Augenblicke, doch der Schmerz fällt uns immer wieder an wie ein wildes Tier.

Obwohl ich mich dagegen gewehrt habe, musste ich nun doch feststellen, dass selbst ich inzwischen härter und gleichgültiger geworden war. Ich brachte es fertig, im gleichen Zimmer, wo ein Kind starb, Briefe zu schreiben oder Strümpfe zu stopfen. Wenn mir eine Patientin später viel von ihren Krankheiten erzählte und ihr Schicksal beklagte, so ertappte ich mich dabei, dass meine Gedanken oft abirrten und dass ich häufig einfach kein echtes Mitleiden mehr aufbringen konnte.

Das Leben war ein steter Kampf geworden. Man musste alle Kräfte anspannen, dass man nicht unterging. Man konnte sich, wenigstens im Augenblick, große Gefühle, die einen aus der mühsam erkämpften Stellung rissen, nicht mehr leisten.

Vom Fliegerhorst aus hatte ich Erwin einmal angeläutet, aber da schon nach einigen Tagen die Kapitulation alle Welt in Bewegung brachte, die Leitungen gestört waren und er sich unter den ersten befand, die nach Deutschland abrückten, so war dieses kurze, ganz belanglose Telefongespräch das letzte, was wir voneinander hörten. Wenn ich jetzt ganz selten einmal an Erwin denke, so tue ich es mit leisem Bedauern über unseren formlosen Abschied, mit einer kleinen Dankbarkeit für seine Teilnahme an unserem Ergehen, seine Offenheit, mit der er mir sein Herz darbrachte, und mit vielen guten Wünschen für seine Zukunft. Ich hoffe, dass er bald das liebe, treue, heitere, offene Mädel findet, das er sich wünschte.

Umzug ins Krankenhaus am Fliegerhorst

Mein Zimmer im Fliegerhorst, das so schwer erkämpft war, hatte ich also nur zwei Tage bewohnt. Am 3. Mai siedelte ich ins Krankenrevier über, d. h., ich kam in einen Neubau, das ehemalige Offiziersheim, welches jetzt als Krankenhaus und Erholungsheim für alte Leute eingerichtet war. Die Leiterin, Frau Dora Dräger, war ebenfalls Flüchtling und stammte aus Danzig. Sehr blond, sehr schlank, sehr schick, zeigte sie eine unendlich kalte Liebenswürdigkeit, die mich schon im ersten Augenblick unserer Bekanntschaft abstieß.

Da die Ernährungsstörungen nicht besser werden wollten, erhielt ich in den nächsten zehn Tagen nur Tee und Haferschleim. Dazu musste ich fest liegen, und im ganzen Haus war nicht ein einziges Buch aufzutreiben. Zimmerbesuche und Telefongespräche waren ebenfalls streng verboten. Obwohl ich nun einmal völlige Ruhe von den Kindern hatte, keine Schmerzen empfand, dazu noch ein hübsches, freundliches Zimmer mit allem Komfort bewohnte, war ich alles andere als glücklich.

Vor allem lernte ich nun auch den Hunger kennen. Ich begann, nur noch von einer Mahlzeit zur andern zu denken, da sie die einzige Unterbrechung in meinem jetzigen Leben bildete. Stundenlang wälzte ich die abenteuerlichsten Pläne, wie ich zu Nahrung gelangen könnte, und begann heimlich, mit meinen Nachbarn Fühlung aufzunehmen. Gleichzeitig sah ich mich nach Lektüre um. Die Zimmerbesuche aber hatte Frau Dora bald entdeckt und drohte, mich hinauszuwerfen. Ich besinne mich auf Nächte, wo ich mich stöhnend vor Hunger gekrümmt habe und stundenlang mit mir gerungen, bis ich dann doch aufstand und das letzte Stück Knäckebrot verschlang. Oft malte ich mir aus, wie wir zu Hause einst alle gebacken und geschmort hatten, lange nicht ausprobierte Kochrezepte fielen mir ein, und die Sehnsucht wuchs ins Riesengroße, endlich einmal wieder eine eigene Küche zu führen.

Abgesehen von diesen „Hungerphantasien“, hatte ich sonst auch viel zu viel Zeit zum Nachdenken, was auf der Flucht nicht der Fall gewesen war. Die Gedanken, einer immer schwärzer als der andere, stürzten wie Bienenschwärme über mich her, ich durchlebte noch einmal die Nachricht von Werners Tod mit allen Phasen meines heißen Schmerzes, als wäre es gestern.

Ich fuhr wieder, ganz steif von dem unbequemen Sitzen, im Schmiedewagen, ich stand an Papas elendem Sterbelager und wälzte qualvolle Gedanken auf der Suche nach dir, mein Herz. Ich fror bis ins Mark in Erinnerung an das Eis des Haffs und die Nehrungsstraße, ich sah mich im Elendslager von Stutthof mit der Rasierklinge spielen und auf dem Schiff, vor Ekel würgend und halb ohnmächtig, mit dem Schieber zur Toilette wanken, und ich durchlebte noch einmal die schrecklichen Wochen in Hørby.

Gedanken zur deutschen Kapitulation

Dazu kamen die großen politischen Veränderungen, die gerade in jene Zeit fielen. Am 7. Mai kapitulierte Deutschland, und ich musste alle diese großen Geschehnisse ganz allein in mir verarbeiten, da Frau Dora mich ja mit niemand zusammenkommen ließ. Da wir politisch stets gleicher Ansicht waren, Liebes, werden dich zu dieser Zeit vielleicht ganz ähnliche Gedanken bewegt haben. Ich will hier jedenfalls ganz ehrlich sprechen, auch auf die Gefahr hin, vielleicht als ehrvergessen und ohne Vaterlandsliebe dazustehen.

Trotz aller Angst vor dem Kommenden und meiner persönlichen hoffnungslosen Zukunft, durchströmte mich bei der Nachricht doch ein großes Glücksgefühl. Es war ein so harter innerer Kampf gewesen alle diese letzten dreizehn Jahre hindurch, es gab ja kein objektives Recht mehr, keine Meinungs- und Religionsfreiheit.

Und in wie furchtbarem Gegensatz stand die Rassenpolitik zur christlichen Religion und überhaupt zu allem, was für uns Recht, Gewissen und Sittlichkeit bedeutete! Wirtschaftlich war es uns stets gut gegangen in diesen Jahren, aber wie oft hatte ich mit Schrecken daran gedacht, wie es bei einem tatsächlichen deutschen Sieg denn einmal weitergehen sollte!

In welchem furchtbaren inneren Konflikt würde ich allein schon bei der Erziehung der Kinder durch den Gegensatz von Schule und Elternhaus hineingezogen werden, und in wie zehnfach verstärktem Maße würde man wohl auch gegen die Kirche vorgehen; der Parteizwang und das Aufkommen vieler minderwertiger und mittelmäßiger Elemente, die sich nun alle als Führernaturen fühlten, würde immer unerträglicher werden.

Und wie sollte ich nun beten? Ich konnte doch nicht als gute Deutsche um unseren Untergang bitten? Ich liebte doch Deutschland und meine Heimat wie jeder andere meiner Landsleute, und wenn Deutschland wirklich das Volk der Dichter und Denker ist, so war ich vielleicht so urdeutsch wie kaum ein anderer meiner Freunde: baute doch meine Sehnsucht immer wieder schimmernde Paläste, suchte ich doch ständig nach der „blauen Blume" der Romantik und gab es doch kein Gebiet des menschlichen Herzens, in das meine deutsche Seele nicht einzudringen versuchte, maßlos und grenzenlos.

So betete ich denn in den letzten Kriegsjahren oft wie Abraham um die dem Untergang geweihten Städte: „Herr, wenn nur 50 Gerechte da sind, so lass Deutschland nicht verderben!" Zuletzt konnte ich auch dies nicht mehr beten, die Katastrophe war unausbleiblich.

Aber siehst du, jeder denkende Mensch kommt doch im Laufe seines Lebens zu einer bestimmten Weltanschauung, zu einem festen Standpunkt, von dem aus er die Welt betrachtet und der langsam gewachsen ist aus Erziehung, Umgebung, Erfahrung und Religion. Der Nationalsozialismus widersprach in allem dieser unserer Weltanschauung, und kannst du es daher verstehen, dass ich anfangs sagte, mich durchströmte nach der Kapitulation ein großes Glücksgefühl? So hatte Gott sich doch nicht spotten lassen, so hatte die Weltmeinung unsere Ansicht über Recht, Moral und Christentum bestätigt. Man würde wieder seine Meinung frei äußern können und vor allem hoffentlich wieder objektiv Recht sprechen. Siehst du, das alles musste ich also allein verarbeiten, durchleben und durchleiden bis ins Tiefste, aber immer war es letzten Endes doch eine Befreiung nach jahrelangem schwersten seelischen Druck.

Hier bei den Flüchtlingen kam eine weitere Sorge hinzu. Würden unsere Truppen in Dänemark und Skandinavien womöglich den Engländern bei der Besetzung Widerstand leisten und so den Krieg noch auf schreckliche Weise verlängern? Nein, überall ergab man sich bedingungslos. In Aalborg feierten die Dänen große Jubelfeste, man jauchzte über das freie Dänemark, überall prangte das Bild des Königs, mit Fähnchen und Girlanden bekränzt, in den Schaufenstern. Man zeigte seinen Deutschenhass nun immer offener und wartete andererseits sehnsüchtig auf die englischen Befreier. Den ersten englischen Soldaten, die sich dann in Aalborg zeigten, bereitete man begeisterte Ovationen, und alle Backfische sprachen sie auf der Straße um Autogramme an.

Hier im Fliegerhorst sowie in allen anderen Soldatenlagern betrank sich alles sinnlos, ehe man den Weg in die Gefangenschaft antrat, und in den nächsten Tagen gab es ein großes „Preisschießen", da alle Soldaten ihre Patronen freiwillig bis auf die letzte abschossen. Die meisten waren ja schon lange von der Sinnlosigkeit unseres Kampfes überzeugt. Es hieß, die Soldaten sollten zu Fuß nach Deutschland marschieren, während die Flüchtlinge unter dem Schutz des dänischen Königs ständen und noch ein Vierteljahr vom hiesigen Roten Kreuz verpflegt werden sollten. Von Deutschland wussten wir nur, dass es aufgehört hatte zu bestehen und jeder nur fragen konnte, ob er fortan unter russischer, polnischer, englischer, amerikanischer oder französischer Herrschaft leben würde.

Leben nach der Kapitulation

Das Essen wurde sofort bedeutend schlechter und knapper, die Hauptnahrung bestand und besteht aus Grütze. Trotz aller Schrecknisse will jeder lieber heute als morgen fort, nur ich werde dann immer ganz still. Auf mich wartet ja niemand mehr in der Heimat, oder wartest du doch noch, Liebstes? Und doch habe ich manchmal Heimweh, Heimweh wie alle, vor allem nach der Ostsee, vertrauten Menschen und ein wenig Kultur.

Ich bin vom Thema abgekommen: Da lag ich nun im Krankenheim, eigentlich quicklebendig und sehr unternehmungslustig, durch Stabsarzt und Frau Dora eisern ans Bett und den Hunger gefesselt, während sich am politischen Himmel so welterschütternde Ereignisse zusammenballten, während auch hier im Fliegerhorst schon ein Teil der Soldaten abrückte und die Flüchtlinge in die Baracken gehen durften, wo alle zurückgelassenen Dinge großzügig verteilt wurden.

Da entstanden mit der Hand in kurzer Zeit reizende Waschkleider aus blaukarierten Bettbezügen, elegante Hemdblusen und Unterwäsche aus Fallschirmseide, Röcke, Kleider, Mäntel und Kindersachen aus Soldatenkleidung, schicke Pullover und Söckchen aus Fallschirm-Seidengarn und schöne Wollstrümpfe und Westen von aufgeräufelten Soldatenpullovern. Frau Dora, die sich bald eine ganz neue, wunderhübsche Sommer- und Wintergarderobe zusammengenäht hatte, hätte sich wohl eher die Zunge abgebissen, als mir etwas von dieser Verteilung zu sagen. Meine größte Sorge aber war die um die Kinder.

Gerade in solchen Zeiten der Unruhe, Ungewissheit und Auflösung wollte ich keinesfalls von ihnen getrennt sein. Nach hartem Kampf mit Frau Dora, nach häufigen strahlenden Versicherungen, es ginge mir glänzend, und nach scharfer Prüfung an der Wache gelang es mir doch, am Freitag vor Pfingsten wieder im Kinderlazarett in Aalborg meinen Einzug zu halten.

Lisas kleiner Klaus war kurz vor seinem ersten Geburtstag gestorben, und ich begleitete als Einzige noch am gleichen Tag Lisa zum Friedhof. Hier war es doch anders als in Hørby, ein deutscher Pfarrer hielt eine schlichte, zu Herzen gehende Ansprache. Mit Klaus war auch das letzte Band durchschnitten, das Lisa an die Heimat band und das ihr Verantwortungsgefühl und ihre sittliche Haltung bis dahin beeinflusst hatte. Lisa war wie immer sehr tapfer, aber trotz aller Überzeugung, dass ihr Kind jetzt am besten aufgehoben war, so murmelte sie doch wie jede Mutter immer wieder verzweifelt vor sich hin: „Ich hätte ihn doch so gern behalten." Doch gab sie sich ihrem Schmerz nicht hin, betätigte sich sogleich als Pflegerin im Lazarett und fand auch durch ihre Soldatenfreunde viel Ablenkung.

Ich wurde körperlich immer elender, dazu quälten mich fast ständig Übelkeit und Atembeschwerden. Wahrscheinlich hatte ich mir bei dem Ausbruch aus dem Fliegerhorst doch zu viel zugemutet. So waren die Kinder nun sehr viel munterer als ich, und es strengte mich sehr an, mit ihnen auch nur einige Stunden zusammen zu sein. Außerdem drückten mich nun sehr die Sorgen um die Beschaffung von Kinderkleidung, da man meinen Jungen auch noch die besten Sachen, die sie auf der Flucht an hatten, hier im Lazarett gestohlen hatte.

Zunächst ging ich aufs Konsulat, dort war nichts mehr von Kleidern und Wäsche vorhanden. Nach langem Hin und Her bewilligte man mir 30 Kronen, und nun begannen ermüdende und oft ergebnislose Gänge durch die Straßen der Altstadt zu den Trödlerläden. Dann versuchte ich es mit dem dänischen Roten Kreuz, welches aber nur für Auslandsdeutsche zuständig war. Immerhin geriet ich dort an eine sehr mitleidige Sekretärin, die mir von sich aus einige hübsche Kindersachen und Lebensmittelmarken schenkte.

Am nächsten Tag sollte ich in ihre Wohnung kommen, denn sie hatte mir versprochen, noch mehrere nützliche Dinge für uns herauszusuchen. Als ich dort ankam, fand ich alle Türen weit geöffnet, doch niemand war zu sehen. Gerade wollte ich umkehren, als mir ein junges Mädchen begegnete, das atemlos die Treppe herauf stürmte und mich in ihre Wohnung zog.

Ich fragte sie nach Fräulein L. „Meine Schwester ist soeben verhaftet worden", antwortete das Mädchen in tadellosem Deutsch. „Ich muss ihr sofort einige nötige Toilettenartikel ins Untersuchungsgefängnis bringen." „Mein Gott, doch nicht etwa meinetwegen?", fragte ich entsetzt. „Oh nein", lächelte sie schwach, „meine Schwester hat schon vielen Deutschen geholfen." „Es tut mir sehr leid, und ich stehe natürlich, wenn nötig, jederzeit mit meiner Aussage zur Verfügung", stammelte ich verwirrt und wollte gehen. Aber sie war trotz allen Kummers sehr besorgt um mich und nahm mir das Versprechen ab, uns noch am gleichen Tag in Aalborg zu treffen.

Wir sahen uns noch am gleichen Vormittag in einer stillen Seitenstraße wieder; ich durfte, während wir miteinander gingen, kein Wort deutsch sprechen. Sie sagte einige kurze dänische Sätze und ließ dann unauffällig 30 Kronen in meine Tasche gleiten. Dann gingen wir mit stillem Händedruck nach verschiedenen Richtungen auseinander. Mir lag das Herz wie ein Stein in der Brust, unwillkürlich musste ich an den armen Verwundeten denken, mit dem wir übers Haff gefahren waren: „O mei liabs Herrgöttle, wos hoab i verbroche?“ Ich sah die beiden lieben Schwestern nie mehr wieder, doch hörte ich zu meiner großen Erleichterung, dass meine gütige Helferin schon nach kurzer Zeit aus dem Untersuchungsgefängnis entlassen worden war und nun bei ihrem Vater in einem Büro arbeitete.

Nach dem Abrücken der Marine waren verwundete Soldaten in die leer gewordenen Baracken des Lazaretts eingezogen. Ebenso wie diese waren wir jetzt nur noch auf den schmalen Lazaretthof angewiesen. In den schönen Park konnte ich mit den Kindern nicht mehr gehen, aber mir war jetzt alles gleich. Das Geld war ausgegeben, die Stimmung so deutschfeindlich geworden, dass die Leute zum Polizisten gingen, wenn sie auf der Straße jemand deutsch sprechen hörten; außerdem war mir immer so schlecht, dass ich zu nichts mehr Lust hatte.

So waren wir hinter dem Stacheldraht unseres Lazarettbezirkes noch am besten aufgehoben. Die Kinder hatten viel Freiheit, d. h., sie hatten dauernd Hunger und beschränkten ihre Ausgänge darauf, bei der Küche oder den Soldaten nachzufragen, ob es nicht bald wieder etwas zu essen gäbe. Und beide redeten nur noch vom Essen.

Die Nächte in der Personalbaracke, wohin ich wegen Überfüllung umquartiert wurde, waren auch keine reine Freude. Im Tagesraum saßen oft Soldaten bis spät in die Nacht, waren sie endlich fort, herrschte noch lange keine Ruhe, im Gegenteil, dann fing das Erzählen erst recht an.

Diese Unterhaltung überstieg an Schamlosigkeit alles, was ich bisher gehört hatte. Zunächst drehte sie sich noch ums Essen, dann griff das Gespräch auf die Männer über, ein dankbares Kapitel, das sobald kein Ende fand. Eine Artistin, die aus Estland stammte und jetzt im Lazarett tätig war, äußerte: „Vor allem muss ein Mann gut

‚kussen' können", sie schnalzte dabei mit der Zunge. „Ich frage jeden Mann, den ich lerne kennen in die ersten fünf Minuten, ob er gut ‚kussen' kann. Aber so gut wie ich macht's doch keiner."

Eine andere Helferin namens Klara erzählte stundenlang von ihren Liebhabern und Erlebnissen bis in die kleinsten Einzelheiten und begann dann, uns allen ihr Männerideal darzulegen. Erlass mir die genaue Schilderung, liebes Herz, deine feine, reine Seele würde sie nur schwer ertragen. Klara stammte von einem vier Morgen großen Hof, sie besaß neun Geschwister, so hatte sie in Deutschland bei geringstem Besitz ein sehr schweres Leben gehabt. Jetzt ging es ihr dagegen geradezu glänzend. Sie verdiente bei leichter Arbeit und viel Freiheit in zehn Tagen dreißig Kronen, hatte sich schon eine Menge hübscher Sachen angeschafft und bekam von ihren zahlreichen Soldatenfreunden noch viel dazu. An schwere körperliche Arbeit war sie gewöhnt, und so, gut ausgestattet und genährt, hatte sie auch vor der Rückkehr nach Deutschland keine Furcht.

Von der Personalbaracke ins Lazarett

Inzwischen hatte der Arzt festgestellt, dass man es bei mir mit einer Gelbsucht zu tun hätte; so musste ich fest liegen und siedelte von der Personalbaracke wieder ins Lazarett über, wo nun auch Erwachsene untergebracht waren. Innerlich erleichtert, nahm ich Abschied von Klärchen und der Artistin, die so herrlich „kussen" konnte, und bezog nun auch eine jener engen, muffigen, düsteren „Schiffskojen", wie ich sie schon längst von den Kindern her kannte.

Nicht ein Sonnenstrahl kam hinein, schon nach acht Tagen waren z. B. die Schuhe im Schrank ganz verschimmelt, von den nassen Wänden gar nicht zu reden. Sonst war hier eigentlich jeder sich selbst überlassen, man bekam sein Essen und durfte liegen, alles andere musste die Natur besorgen. Sauber gemacht wurde mehr als oberflächlich.

Ich ertappte mich dabei, dass ich mich manchmal nach dem hellen, freundlichen Zimmer, der äußeren Sauberkeit und Körperpflege sehnte, wie ich es im Fliegerhorst gehabt hatte, nur an Frau Dora dachte ich mit Schrecken. Hier dagegen waren alle Schwestern von warmherziger Liebenswürdigkeit und Natürlichkeit.

Jetzt, wo mir die lange Bettruhe verordnet war, fasste ich nun auch den Entschluss, die Ereignisse des letzten Jahres aufzuschreiben. Bin ich nicht sehr fleißig gewesen, Liebes? Während ich schrieb, hast du mir oft vor Augen gestanden. Wie nahe ihr alle doch wart, liebes Herz! Und alles habe ich erlebt, als ob es gestern war.

Ich teilte mein Zimmer mit einer älteren, sympathischen Dame aus Königsberg. Wir plauderten, lasen, schwiegen, schliefen und störten uns gegenseitig gar nicht. Die Baracke war im Übrigen fast ausschließlich von alten Damen bewohnt, eine Ausnahme machte die 16-jährige Christel, die auf der Flucht ihre Eltern verloren hatte und durch Bombeneinwirkung am Fuß schwer verletzt worden war.

Sie stand nun mutterseelenallein da und hatte auch alles Gepäck verloren. Wenn es das Wetter irgendwie zuließ, verbrachte sie den ganzen Tag draußen auf dem Rasen und war beständig von Soldaten umringt, die ihr Kronen, Esswaren und Kleider brachten. Ich schrieb viel, die Kinder kamen täglich zu Besuch, manchmal sonnte ich mich auch ein wenig auf dem Rasen. Das Schlimmste hatte ich anscheinend schon ohne Bettruhe durchgemacht.

Leider mussten wir in der letzten Woche drei Patienten in unsere Baracke aufnehmen, die man eigentlich auf die Isolierstation hätte bringen müssen: einen Mann mit offener TB, der uns wegen der Ansteckungsgefahr Sorgen machte; ferner wurde eine alte Frau eingeliefert, die Gesichtsrose hatte und stets hoch fieberte. Ob es nun vom Alter oder vom Fieber war, jedenfalls hatte sie ihre fünf Sinne nicht mehr beisammen. Zu jeder Tages- und Nachtzeit wanderte sie vom Bett in den Flur, ehe sie einer noch daran hindern konnte. Entweder erklärte sie, ihre Tochter suchen zu müssen, oder sie rannte in alle Zimmer und rief, sie wüsste es genau, sie hätte heute Rhabarber eingekocht und müsste nun suchen, wo er hingekommen wäre. Sie wollte immer nur Wasser trinken und Marmelade essen, beides war ihr verboten, und so suchte sie in der nächsten Nacht schon wieder das „Glas mit Blaubeeren".

Das Schlimmste aber war die neue Patientin Nr. 3, eine völlig verwahrlost aussehende Irre. Zwar wurde ihr Zimmer abgeschlossen, aber es gelang ihr einige Male, durchs Fenster zu flüchten.

Sie sprach den ganzen Tag sehr laut und dabei doch völlig unverständlich in ganz verschiedenem Tonfall, als ob sich mehrere Menschen miteinander unterhielten, oder sie sang von morgens bis abends, dabei hatte sie folgendes Repertoire:

„Nieder kam vom Berg ein Weib in das Tal gegangen", „Peter, wo warst du heute Nacht", „Drei Lilien, drei Lilien, die pflanzt ich auf ein Grab", „Jesu, geh voran auf der Lebensbahn." Dann folgten zwischendurch immer wieder stundenlang ihre anscheinend selbst gedichteten Lieblingszeilen nach eigener Melodie: „Komm, lieber Iwan, komm mich doch trösten." – „Ja", schrie sie zwischendurch, „ihr Deutschen seid alle Schweine, aber die Russen sind gut." Dann wieder folgten wütende Fußstöße wie Kolbenhiebe gegen die verschlossene Tür. Ab und zu in lichten Momenten weinte sie nach ihren sechs Kindern, die im Lager zurückgeblieben waren, aber im Allgemeinen schienen sich ihre Gedanken mehr um die Männer zu drehen. Sie hatte auf der Flucht einen Freund gehabt, der ihr anscheinend untreu geworden war, und auf diesen Schuft schimpfte sie in den gemeinsten Ausdrücken. Wenn sie durch den Flur geführt wurde, hörte es sich an, als stampfte eine Elefantenherde vorbei.

Kurz, unsere Ruhe war dahin, trotz starker Morphiumspritzen schlief die Irre nur wenige Stunden, und so hörten wir Tag und Nacht den Gesang und das Gestampfe. Ich ertappte mich auch schon dabei, dass ich vor mich hin summte: „Komm, lieber Iwan, komm mich doch trösten", und erklärte Lisa, die in unserer Baracke Pflegerin war, wenn das noch acht Tage so weiterginge, wäre auch ich reif für die Gummizelle.

Wieder im Fliegerhorst-Lazarett

Plötzlich kam der Befehl, das Lazarett wäre unverzüglich zu räumen und alle Patienten und Helferinnen hätten in ihre Lager bzw. Krankenreviere zurückzukehren. Da gab es nun ein aufgeregtes Durcheinander, als hätte man in einen Bienenstock gestoßen. Der Abschied von allen Schwestern war trotz aller Herzlichkeit nun doch leider eben sehr flüchtig und eilig. Dann fuhr ich zum ersten Mal seit Hørby wieder zusammen mit meinen Kindern fort. Der Stabsarzt bestimmte, ich müsse noch 14 Tage liegen, und so fiel ich wieder Frau Dora in die Hände. Die Kinder durften bei mir im Zimmer schlafen. Da sie mir aber wenig Ruhe ließen und sich viel zankten, führte Frau Dora ein eisernes Regiment. Sowie sie ungezogen waren oder brüllten, mussten sie heraus und waren dann bei ihr artig und sanft wie die Lämmer. Ich selbst hatte schon öfters Albträume von einer großen, hellblonden, sehr strengen Frau, die an meinem Bett stand und mich würgte.

In der zweiten Junihälfte fing es nun auch endlich an, Sommer zu werden. Wenn ich das Fenster öffnete, schlug mir ein Duft von Klee und Jasmin entgegen, die Kinder buken Sandkuchen, und die Genesenden lagen im hohen Gras und sonnten sich. Wäsche flatterte im leichten Sommerwind, und die Lerchen jubilierten über den Äckern. So hatte ich Stunden voll tiefer Dankbarkeit und Ruhe. Leider nahmen auch jetzt die Differenzen mit Frau Dora kein Ende. Sie hatte eine ganz besondere Art, die Leute zu verletzen.

Außerdem nähte, kochte, plättete sie nach Herzenslust, während ich meinen Kindern nicht einmal einen Pudding machen durfte.

Als ich mich deswegen mit Erfolg an den Stabsarzt wandte, erstarrte sie vor Wut zur Salzsäule, und seitdem brachte jeder Tag eine neue Spitze gegen mich oder die Kinder. Immer wenn sie erzählte, die Vorschriften wären nun noch bedeutend verschärft, fühlte man förmlich, wie sehr sie sich innerlich darüber freute. Wir hätten es hier herrlich haben können trotz der Gefangenschaft, denn die englische Besatzung machte uns nicht die geringsten Schwierigkeiten, und sie hätte uns vieles, was Frau Dora verbot, bestimmt erlaubt.

Wir alle hatten so Schweres durchgemacht und waren auch jetzt sozusagen in eine Wolke voller Sorgen gehüllt. Unter den augenblicklichen Bedingungen aber hätte man sich das Leben verhältnismäßig heiter und angenehm gestalten können. Es ist mir immer wieder unbegreiflich, wie ein Mensch es verstand, so viel Ungemütlichkeit, Ärger und Empörung in unsern Kreis zu bringen. Kamen aber Beschwerden, so verstand sie es, die Sache so darzustellen, dass sie Sieger blieb und die Kläger anspruchsvoll, frech und widersetzlich erschienen.

Bisher hatten wir, abgesehen von Hørby, noch kein größeres Lager kennengelernt. Nun aber steht uns der Umzug in eine Flüchtlingsbaracke, die bis zu 300 Menschen fasst, unmittelbar bevor. Das sind keine erfreulichen Aussichten. Das Einzige ist wohl, immer Ruhe, Freundlichkeit und Hilfsbereitschaft zu bewahren, um nicht von dieser Mühle des Flüchtlingsbetriebes zermahlen zu werden. Wenn das nur nicht so schwer wäre! Sei du mir immer Vorbild, Liebes!

Die letzte Woche hier war noch recht schön, das Wetter herrlich, meine Gesundheit kräftigte sich täglich, ich glaubte oft wirklich, Sommerfrische zu genießen. Die Kinder sind unberufen munter, die Sonne hat uns braun gebrannt. Man sieht, so weit das Auge reicht, in weite grüne Felder, auf denen weiße Ochsen und rotbraune Kühe weiden, darüber spannt sich ein hoher blauer Sommerhimmel, und im Hintergrund grüßt Aalborg über sanften Hügeln. Ein leichter, freundlicher Seewind fährt mir durchs Haar, und zum ersten Mal fällt das Müde, Kranke, Schwache von mir ab, und ich habe eine unbändige Sehnsucht, stundenlang wieder durch die Felder zu laufen, dem Seewind entgegen.

Also morgen ziehen wir um, vielleicht schreibe ich heute zum letzten Mal. In der Baracke wird mir kaum Zeit und Ruhe dazu bleiben. Gute Nacht, liebes Herz.

Im Juli 1945.

Da komme ich doch schon wieder zu dir, Liebes. Du runzelst ein wenig die Stirn? „Schon wieder am Schreibtisch, Kind?“, fragst du etwas vorwurfsvoll wie so oft früher. Ach, Liebes, es geht doch nicht anders, ebenso gut kannst du dem Vogel verbieten zu singen!

Von einem Lager zum anderen

Es ist Abend, die Kinder schlafen, und ich bin ganz allein, aber du bist bei mir und hörst mir zu, nicht wahr. Also, an jenem Montag zogen wir um im Pferdewagen, Kleider, Mäntel, Kochgeschirr und „Pummelsack", alles wahllos auf das Gefährt geworfen wie die Zigeuner.

Der Abschied von Frau Dora war wie unser ganzes Zusammensein kühl, gezwungen und ihrerseits voller heimlicher Spitzen.

Hier dagegen im Lager herrschte zunächst ein wohltuendes Entgegenkommen. Wir wurden in ein eigenes, großes Zimmer geführt, das, wenn auch durchaus nicht elegant, so doch mit allem versehen war. Wir hatten den ganzen Tag zu tun, Kinder waren hier unheimlich viel, und Krach gab's von morgens bis abends, besonders in den langen Gängen, übergenug. Aber das war für mich eher wohltuend als störend, brauchte ich doch nun endlich nicht mehr Angst auszustehen, dass meine Kinder als ungezogen und laut auffielen. Überhaupt war ich endlich mein eigener Herr und konnte, wenigstens innerhalb unserer Behausung, machen, was ich wollte, ein Zustand, den ich in Dänemark zum ersten Mal erlebte.

Unser Lager bestand aus zwei großen Baracken, Mittag aß jeder auf seinem Zimmer. Das Essen sowie die übrige Verpflegung war aus der Küche abzuholen. Man wurde immer satt, wenn man sich auch vieles anders wünschte. Die Zeit verging wie im Flug, es war absolut nicht wie im Lazarett, wo man nur von einer Mahlzeit zur andern lebte.

Da die Leute hier von einem deutschen Rüstungswerk direkt mit dem Zug bis Aalborg kamen, waren die Kinder fast alle gesund und munter, selbst die Säuglinge. Man merkte, dass sie die Strapazen der Flucht nicht mitzumachen brauchten. Viele niedliche Backfische liefen herum, und um die Wartezeit vor der Essensausgabe zu verkürzen, sangen sie Volkslieder und Schlager in buntem Wechsel.

Gesungen wurde hier überhaupt viel. „Lebe wohl, kleine Frau, einmal werden wir uns wiedersehn", tönte es von einem Ende des Flurs und vom andern dann „Im Leben geht alles vorüber, alles Glück und zum Glück auch das Leid", und aus dem Garten sang eine dritte Stimme: „Ich tanze mit dir in den Himmel hinein, in den siebenten Himmel der Liebe."

Ach ja, Liebes, das ist das Leben hier. Viel Jugend, viel Singsang, viel Lachen, viel Kindergeschrei, aber auch viel keifende Hexenstimmen älterer Semester, denen die Kinder schon zu sehr auf die Nerven fallen, und viel Zank um ganz kleine Dinge, die so viel Aufregung wirklich nicht wert sind.

Einige junge Frauen forderten mich auf, die Abende doch gemeinsam mit ihnen zu verbringen. Ich werde es ab und zu tun, aber da der Tag so ausgefüllt ist, bin ich am liebsten mit dem Abend allein. Dann lege ich mich früh zu Bett und lese, eine Weile aber stehe ich immer noch am Fenster und sehe über die grünen weiten Wiesen, sehe, wie die Abendsonne purpurn am Horizont versinkt und spüre dabei ganz stark den Duft und das Locken und die Erfüllung des Hochsommers.

Ab und zu klingt ein Volkslied auf, und mein Herz geht den Weg der alten Lieder in ziehender Sehnsucht. Heute sah ich einen blühenden Heckenrosenstrauch, ich hatte fast vergessen, dass wir jetzt die Zeit der Rosen haben.

Jenseits des Zaunes liegt die Landstraße, da gibt es ein anderes Leben: Der dänische Posten geht gelangweilt auf und ab, da fahren die Engländer in schnittigen Kraftwagen vorbei, da rollen die Verpflegungswagen, die Krankenwagen, die Torfautos und dazwischen immer wieder Radfahrer und noch einmal Radfahrer, die manchen neugierigen Blick aber unsern Zaun werfen.

Am Sonntag bietet die Straße ein ganz besonders buntes Bild. Radfahrer und Autos sind noch mehr geworden, alles fährt schön geputzt und sommerselig zu den Ausflugsorten, begleitet vom Sommerwind und der Julisonne und den weißen Möwen. Ja, so fuhren auch wir einst hinaus, um den Alltag abzustreifen in Gottes schöner Natur! Ich betrachte die Straße täglich und allabendlich mit wunschloser Neugier, sie führt ja nicht allzu weit, und meine Sehnsucht geht nicht nach Aalborg oder einem dänischen Ausflugsort, nur das Meer, das Meer möchte ich wiedersehen.

Leider wieder Auszug aus dem kleinen Paradies

Am 27. August ziehen wir um. Ach, wie viele Umzüge habe ich nicht schon in Dänemark erlebt, aber dieser bedeutet wieder einen großen Abstieg auf der Lebensschaukel: Es wird wohl wie in Hørby werden oder noch schlimmer, denn unsere ganze Baracke wird geräumt. Wir werden alle zusammen in eine Baracke gesteckt, mehr als 200 Leute.

Für mich ist nur noch in einem mittelgroßen Zimmer Platz, in dem schon sechs Personen wohnen, zwei Schwestern mit mehreren Kindern. Die eine der Frauen ist als wahrer Satan überall verrufen, und keiner wollte mit ihr zusammenziehen. So sagte ich mir, zu diesem „Glück" käme ich immer noch früh genug und warte solange, bis man mich hier hinauswirft. Das wird wohl morgen der Fall sein. Lisa ist in ein anderes Lager gekommen, soll dort in der Verwaltung tätig sein und eine gute Unterkunft haben.

Es ging uns in letzter Zeit nicht besonders gut. Mit den Kindern war ich sehr häufig beim Arzt, denn sowie ein Wind sie jetzt anpustet, sind sie schwer erkältet, und diese Erkältung legt sich bei beiden immer gleich auf die Ohren.

Oft sind sie laut und ungezogen, aber der Gedanke, dass sie die einzigen beiden Menschen auf der Welt sind, die mich lieb haben, die mich brauchen und die sich auf mich freuen, wenn ich einmal fortgegangen bin, entschädigt dann doch wieder für vieles.

Wir haben keine Seife mehr, kein Näh- und Stopfgarn, keine Strümpfe, kein Papier und keine Streichhölzer, dazu keinen Pfennig Geld. So werde ich bald wieder diese so verhassten und so oft auch erfolglosen Bettelgänge zum Flüchtlingsbüro antreten müssen. Ich sehe heute alles grau in grau, aber meine Ahnungen haben mich selten getrogen. Die letzte Nacht allein, wenigstens in einem Raum. Für wie lange wohl? Für Monate, vielleicht gar für Jahre? Nein, das wäre nicht auszudenken, gerade für mich, die ich schon immer ein so starkes Abstandsgefühl und ein so ausgesprochenes Bedürfnis nach Alleinsein hatte. Ach, wann wird alle Qual nur einmal ein Ende nehmen?

Im September 1945

Meine beiden Stubengenossinnen sind ins Kino gegangen. Olaf und der kleine Peter schlafen im verdunkelten Zimmer Mittagsstunde. Axel spielt draußen, und ich sitze im Flur auf einer Kiste.

Das Leben ist nun anders geworden, aber es muss eben bezwungen werden und wird es auch. Im Winter wird sich wohl alles noch vielmehr zuspitzen, wenn alle neun Personen Tag und Nacht auf die eine Stube angewiesen sind. Guten Willen haben, nachgeben und still sein aus Klugheit, Nerven behalten und, wie unser lieber alter Pfarrer einmal sagte, immer ein „Fenster nach oben offen" haben, ist das Wichtigste.

Am Umzugstag versagten mir aber leider doch die Nerven. Es war gerade der 28. August, Papas 75. Geburtstag. Da standen die Ereignisse der Flucht, sein körperlicher Zusammenbruch, unser aller grausame Trennung wieder deutlich vor mir, und nun wurde es auch mit dem Umzug, mit dem ich als Letzte gezögert hatte, Ernst. Da geschah es mir denn, dass ich am Fenster stand und weinte, während die Herbstsonne strahlend über Dänemark lächelte. Und als ich mich umdrehte, ganz verweint, sah ich mit Schrecken hinter mir die dänischen Arbeiter stehen und ein ganzes Rudel Kinder, die mich halb erstaunt und halb entsetzt anstarrten. Ich weinte noch eine ganze Zeit lang, obwohl ich den festen Willen hatte aufzuhören.

Ein alter dänischer Arbeiter, ein früherer Matrose, nahm sich denn unserer an. Er hatte jedes der Kinder auf eins seiner Knie genommen, fütterte sie mit Eier- und Schinkenbrot und sagte: „Nix Onkel, Papa." Ich konnte nicht Dänisch und er nicht Deutsch, dafür aber verständigten wir uns in Englisch, da er lange Jahre in Australien gelebt hatte. Alle Kinder nahm er auf den Arm und herzte sie und alle Frauen auch, soweit sie es sich gefallen ließen. Mittags saßen wir ein wenig in der nun leeren Baracke, er versuchte, mich zu trösten, riet mir zum „Keep smiling".

„Glauben Sie mir", meinte ich, „ich würde Ihnen noch einen Kuss geben, wenn Sie mir und meinen Kindern noch heute den Gnadenschuss gäben." „Oh ja, geben Sie mir einen Kuss", rief er freudig. „Aber Sie werden mich nicht töten?", antwortete ich lächelnd. „Nein, nein", meinte er schnell, „Sie sollen leben, und bessere Zeiten werden kommen, auch für Sie." Dann machte er mir einen Heiratsantrag, hielt meine Hand und versuchte, mich zu küssen.

Auf dem Hof lag Mittagsstille, von der Straße her brummten die Autos, und wieder lachte die Sonne in den kahlen Raum. Ganz in der Nähe erklangen Kinderlachen und Frauengespräche. Da saß nun wahrhaftig die Frau Regierungsbaurat barfuß auf einem Schemel und ließ sich von einem alten Matrosen, wenn auch unabsichtlich, einen Kuss geben, der ihre immer hungrigen Kinder mit belegten Broten fütterte: Ach, liebes Herz, die verwitwete Frau Regierungsbaurat ist ja längst gestorben und begraben, ja ganz bestimmt, mein neues Leben, das seit der Flucht begann, hat gar nichts mehr mit der Vergangenheit gemeinsam. Alle, aber auch alle Bindungen sind fort, ich bin der Flüchtling E., arm wie eine Kirchenmaus, unter den Arbeiterfrauen, mit denen ich jetzt zusammenlebe, sicher weitaus die ärmste und ungeschickteste.

Mit den beiden Frauen in meinem Zimmer komme ich ganz gut aus. Die zehn und zwölf Jahre alten Jungen sind natürlich laut, ungezogen und schwer zu erziehen, der kleine Peter ist noch nicht sauber und gerade in dem Alter, wo er anfängt zu gehen und alles vom Tisch herunterreißt, Olaf quarrt und weint viel und meldet sich des Nachts öfter sehr laut.

So ist dieses Zusammenleben natürlich für alle Teile nicht leicht, besonders morgens und abends, wenn alle aufstehen, sich waschen, essen, sauber machen und Betten lüften wollen.

Aber es geht doch noch besser, als ich dachte. In mancher Beziehung hat es sogar seine Vorteile: Es ist bedeutend wärmer als bei uns, ich kann öfters mal allein ausgehen, und die Kinder gewöhnen sich daran, sich andern anzupassen. Schlimm ist es dagegen, dass man nie einen Raum für sich allein hat. Zu tun gibt es den ganzen Tag über genug. Da ist Stubendienst, Flurreinigung, Kartoffelschälen, Essenholen und die täglichen Gänge mit den Kindern zum Arzt, dazwischen Stopf- und Strickarbeiten. Wenn meine Kinder getadelt werden, entschuldige ich mich höflich und hoffe, eben auf diese Weise einigermaßen durch den Winter zu kommen.

Manchmal, liebes Herz, fühle ich doch eine beinahe unerträgliche Sehnsucht nach dir und deiner feinen, so unendlich taktvollen Herzensgüte und Lebensweisheit. Niemand gleicht dir hier, aber in ihren Grundgefühlen, der Liebe zu den nächsten Angehörigen, Schmerz über Trennung und Tod, Heimweh usw. sind sich doch schließlich alle Menschen gleich. Lass mich auch jetzt noch immer wieder von dir lernen, Herzensmutter! Ich möchte, schon im Interesse meiner Kinder, niemals so hart, ungerührt und herb werden, wie es die meisten hier nach dieser Schreckenszeit geworden sind.

In manchen Dingen fange aber auch ich an, mich gänzlich umzustellen. Ein Beispiel: Kartoffeln gibt es zur Zeit fast gar nicht, so haben wir angefangen, uns einfach welche von den Feldern zu holen. Wenn es dunkel wird, ziehen wir los. Das erste Mal war es scheußlich, es war stockfinster und regnete noch dazu. In der Dunkelheit und Aufregung riss ich Disteln, alte Kartoffeln und Steine mit heraus. Wenn ein Auto sich näherte oder eine menschliche Stimme, warfen wir uns lang auf den Boden in den Schmutz.

Neuerdings gehen wir, wenn es noch etwas hell ist, sodass man die Kartoffeln, die man erntet, auch noch sehen kann. Neulich war es direkt schön: Über uns glänzte ein heller Sternenhimmel, und vor uns flimmerten die fernen Lichter von Aalborg. Ich dachte an die fernen Lichter anderer Städte, die oft so verheißungsvoll und verlockend geglänzt hatten, genoss die Herbstnacht und dachte gar nicht an Eingesperrtwerden oder dänische Streife.

Auf dem Rückweg halfen mir deutsche Soldaten beim Tragen. „Armes Deutschland", sagte der eine, als er uns mit den Nägeln in der Erde nach Kartoffeln wühlen sah.

Ich habe dabei gar nicht einmal ein schlechtes Gewissen; denn ich empfinde dieses nicht als eine Verletzung des siebenten Gebots. Die wenigen Vitamine aus den frischen Kartoffeln sind für die Kinder einfach lebensnotwenig, wo wir schon gänzlich auf Obst verzichten müssen. Außerdem gehören die Felder zum Fliegerhorst und sind nicht dänisches Privateigentum.

Ach, du fragst mich noch nach dem alten Matrosen? Ich glaube, er macht alle drei Tage einer anderen Frau einen Heiratsantrag. Vergessen hat er mich aber doch nicht; denn jedes Mal, wenn ich ihn sehe, winkt er strahlend und ruft schon von weitem: „Hallo, Darling!" Ich soll dir diesen seltsamen Kauz noch näher charakterisieren? Da brauchst du nur an die bekannte Ode von Schiller zu denken, und du hast seine ganze Charakteristik: „Seid umschlungen Millionen, diesen Kuss der ganzen Welt".

Am 10. November 1945

Heute ist dein 64. Geburtstag, Herzensmutter, und mir sind die Augen den ganzen Tag voller Tränen. Vor meinem geistigen Auge tauchen frühere und ganz frühe Geburtstage auf, ich höre Papa den Choral spielen „Bis hierher hat mich Gott gebracht" und denke an große Kaffeegesellschaften mit 25 Personen, bei denen es so lebhaft zuging, dass manchmal, da wir Parterre wohnten, die Leute auf der Straße vor den erleuchteten Fenstern stehen blieben und interessiert zuhörten.

Aber alle diese Äußerlichkeiten sind es nun wirklich nicht, die mir die Tränen in die Augen treiben. Es ist eben nur immer wieder das brennende Verlangen nach einem Wiedersehen und einer Aussprache mit dir und daneben immer die gleiche dunkle Ahnung, dass du gar nicht mehr am Leben bist.

Eine kleine Erleichterung brachte mir dieser Tag doch: Seit zwei Monaten gingen beide Schwestern gemeinsam aus, sodass ich seit zwei Monaten zum ersten Mal mit vier Kindern allein bin, ein Zustand, der mir jetzt geradezu paradiesisch erscheint, während er mir früher höchst beschwerlich und nervenaufreibend vorgekommen wäre.

An meiner Stelle würdest du dich bestimmt gar nicht von den Kindern fortrühren. Weißt du, solange ich allein war, habe ich's genau so gemacht. Da freute ich mich, wie gesagt, immer auf die ruhigen Abende, auf die Sonnenuntergänge und die Bücher. Aber sei du einmal ständig mit zwei Frauen und sechs Kindern in einem Raum zusammen, da bleibt nicht eine einzige ruhige Minute am Tage, auch nicht die Zeit, um den Kindern ein Märchen vorzulesen oder mit ihnen ein Gebet zu sprechen. Man muss eigentlich ständig schreien, um sich verständlich zu machen. Tadeln darf ich die Kinder ebenfalls nicht, wenn sie, wie das jetzt immer öfter geschieht, schlecht sprechen, Schimpfworte gebrauchen oder hässliche Redensarten. Sie hören das alles von den größeren Kindern im Zimmer, zum Teil auch von den Müttern selbst, und es würde sofort zu Verstimmungen Anlass geben, wenn ich sie deshalb zur Rede stellte.

So wachsen sie ganz wild auf, oft schneidet es mir ins Herz, oft denke ich, vielleicht werden sie nie mehr in eine andere Umgebung kommen, und es ist dann wohl besser für sie, wenn sie gar nicht erst so wie ich von Erinnerungen an bessere Zeiten belastet sind. Einmal stürzte Axel ganz aufgeregt ins Zimmer: „Mutti, es heißt, wir sollen bald alle nach Hause kommen." „Nach Hause?", fragte ich traurig, „ja, Axel, wo ist denn unser Zuhause?" Er sah mich erstaunt an, dann meinte er zögernd: „Vielleicht in einer anderen Baracke?"

Das alles macht manchmal so müde, bis in die Tiefen der Seele hinein, dieses ewige Kämpfenmüssen, Stillseinmüssen, Sichbeherrschenmüssen bis zur äußersten Nervenanspannung, dass man oft schreien könnte über soviel seelische Grausamkeit, so eingesperrt zu werden wie das Vieh, fern der Heimat, bewacht wie die Sträflinge, ohne Post, ohne jede zuverlässige Nachricht aus Deutschland, mit den Gedanken an eine völlig hoffnungslose, dunkle und gänzlich ungewisse Zukunft.

Jeder versucht, sich je nach Temperament und Neigung aus dieser inneren Not zu helfen. Karten legen, Tischrücken, Gläsersprechen und ähnliche zweifelhafte Experimente sind an der Tagesordnung. Sehr nüchterne Naturen räufeln unentwegt alte Pullover auf und stricken sie neu, wieder andere knüpfen die seltsamsten Liebesverhältnisse an. Da wirst du es auch mir nicht verdenken, Liebes, wenn ich diesem „Heim" abends oft entfliehe und meine berufstätigen Bekannten besuche, die in der Wehrmachtsküche oder im Krankenrevier arbeiten und ihr eigenes Zimmer haben.

Auch die Läuse und die Krätze haben wir nun glücklich hinter uns gebracht, dafür ist jetzt die Wanzenplage groß und trotz aller Gegenmittel nicht zu beseitigen.

Sonst wird eine ganze Menge dafür getan, dass wir nicht rasten und rosten. Es gibt Kino, Gymnastik, Tanz, Sprachkurse, Bibelstunden und Gottesdienst, so ist also jedem Geschmack Rechnung getragen. Auch sind wir gar nicht einmal so verlassen, wie du vielleicht glaubst, denn seit sechs Wochen haben wir auch einen „Betreuer". Ja, die Soldaten!

Ich habe schon einmal, als ich dir die Zustände im Aalborger Kinderlazarett schilderte, auf die sogenannte „Dänische Liebe" hingewiesen. Ein Teil der Soldaten ist noch hier und wohnt im Fliegerhorst ebenfalls in Baracken. Es ist allen Wehrmachtsangehörigen strengstens verboten, das Flüchtlingslager zu betreten, und auch die Flüchtlinge dürfen keine Soldaten besuchen.

Doch ebenso gut hätten die Dänen der deutschen Wehrmacht verbieten können, zu atmen und zu essen. Man fand und findet immer Mittel und Wege zu gegenseitigen Besuchen und Spaziergängen, die Löcher im Zaun hören nie auf. Wird eins von den Posten entdeckt und bewacht, so tut sich in der nächsten Nacht bestimmt an anderer Stelle ein neues Loch auf. Manchmal werden Razzien in den Baracken veranstaltet.

Da aber alle Soldaten Zivil anhaben und ihre Ausweise wohlweislich zu Hause gelassen haben, kann man ihnen meist nichts nachweisen. Ab und zu wird geschossen, ab und zu werden einige Frauen mit Küchenarbeit bestraft, die man bei ihren Gängen durchs Loch ertappt hat, aber das spielt alles keine Rolle. Man hält zusammen und bleibt in Verbindung.

Unser Betreuer ist ein braver älterer Werk- und Prüfmeister aus Stralsund, der bereits eine siebzehnjährige Tochter hat. Er trägt die Fotos von Frau und Kindern immer in der Tasche und zeigt sie gern herum. Zunächst war ich recht misstrauisch und ablehnend, da ich, durch mancherlei Erfahrungen belehrt, an solche selbstlose Fürsorge kaum glauben konnte. Aber er kam immer wieder wie ein treuer Bernhardiner.

Er bringt uns Wehrmachtessen und Weißbrot, macht uns Wäscheklammern, besohlt Schuhe, bastelt allerlei, schenkt den Kindern schöne bunte Holzautos und beglückt die ganze Stube mit einer Mausefalle. Axel und Olaf stürzen „Onkel Paul" stets mit einem wahren Indianergeheul entgegen und sitzen sofort auf seinen Knien. Alle Zimmergenossen dulden seinen Besuch freundlich, weil er stets ruhig, bescheiden und zurückhaltend bleibt und auch für die anderen Kinder oft etwas abfällt.

Die Menschen in der Baracke

Doch nun, mein Herz, lass uns heute an deinem Geburtstag einmal einen Gang durch die Baracke machen. Es befinden sich hier 220 Menschen, davon sind 110 Kinder. Alle diese Menschen wohnen in 33 Zimmern, die Kinder toben, abgesehen von den wenigen schönen Sommerwochen, den ganzen Tag auf dem halbdunklen Flur oder in den engen Zimmern herum. Zwei Frauen bekamen bereits einen Nervenzusammenbruch. Ich wundere mich nur, dass es nicht mehr sind. Wir wohnen in einem Seitenflügel, in dem sich nur wenige Zimmer befinden, und haben sogar einen eigenen Waschraum.

Uns gegenüber ist Familie Busch einquartiert, eine recht sympathische Familie. Sie hat ein Zimmer für sich alleine, denn es ist sehr klein, und außer einem Jungen von sechzehn Jahren und einem zweiten von vier sind Anfang Juli noch Zwillinge dazugekommen. Ich verwechsele sie immer, obwohl bei genauerem Hinsehen der eine etwas kräftiger ist. Wenn sie schreien, dann klingt es, als wollten sie sich ausschütten vor Lachen, und die ganze Baracke nimmt regen Anteil an ihrem Ergehen, das bisher gut war.

Als ich Frau Busch zum ersten Mal sah, erschrak ich innerlich ein wenig: die reizlosen Züge, vor allem der Sattel der etwas zu langen Nase, sind mit Sommersprossen übersät, und fuchsrote Haare hängen ihr in aufgelösten Locken bis über den Rücken herab. Aber man vergisst die Hässlichkeit der Züge bald völlig über der gütigen, stillen Herzenswärme, die die ganze kleine Person ausstrahlt.

Zu dieser Frau hatte sich ein ebenso gutartiger, ebenso kleiner Mann gesellt. Er sorgte vorbildlich für seine Familie, soweit dies in unserm engen Rahmen möglich ist. Außerdem ist er im Flüchtlingsausschuss tätig, und was das Schönste an ihm ist, er ist immer freundlich und immer hilfsbereit.

Dankbar, mit seiner Familie zusammenleben zu können, hat er aufrichtiges Mitleid mit fremden Schicksalen und repariert dauernd, ohne die geringsten Gegenleistungen zu verlangen, alle möglichen kleinen und kleinsten Schäden, wenn sich die Frauen nicht zu helfen wissen. Von Beruf ist er Bäcker.

Frau Busch hat von Jugend an schwerste Landarbeit machen müssen und sich auch später mit vielen Kindern und noch viel mehr Geldsorgen recht gequält.

Im Gegensatz zu ihrer schlichten und unkomplizierten Denkungsart ist Herr Busch ein großer Philosoph. Politisch ist er sehr interessiert und ein überzeugter Kommunist. Kirchgänger sind ihm unverständlich, doch achtet er wenigstens in jedem die Persönlichkeit. Sein Lieblingsthema aber ist Russland, der Kommunismus und seine weltumfassenden Pläne, denen er eine große Zukunft prophezeit.

So entspinnen sich oft im Flur, frei nach demokratischen Grundsätzen, große, äußerst lebhafte Debatten über diese Themen. Seine Beredsamkeit ist dann unerschöpflich, aber es ist merkwürdig: Im Grunde redet jeder sich nur seine eigenen Anschauungen, Sorgen und Hoffnungen vom Herzen, ohne den andern auch nur im Geringsten zu überzeugen. Auch Herr Busch in all seiner glühenden Begeisterung für Russland kann daran nichts ändern, und manchmal habe ich den Eindruck, als hätte er allzu viel gelesen und das Gelesene doch nicht so recht verarbeitet. Trotzdem ist er entschieden ein Lichtblick in dem Dunkel unserer Baracke.

Doch nun ein anderes Bild. Gleich nebenan wohnt die Barackenälteste, Frau Barth. Zum Zeichen ihrer Würde bewohnt auch sie ein Zimmer allein mit ihren drei Kindern. Ihr Mann blieb in Deutschland, und sie verzehrt sich in Sehnsucht nach ihm. Das Ehepaar besaß früher eine Wirtschaft in Stettin, und Frau Barth ist bestimmt eine sehr saubere, genaue und tüchtige Wirtin gewesen. Äußerlich könnte man sie eher für eine Pensionsvorsteherin halten: Sehr groß und sehr dünn, graue, sorgfältig frisierte Haare und strenge hochgeschlossene Kleider, eine weithin tönende Stimme und sehr scharfe, ein wenig kalte, graue Augen, denen nichts entgeht, was in der Baracke passiert. Um fünf Uhr ist sie meist schon munter, näht und strickt für die Kinder.

Um acht Uhr schallt ihre Kommandostimme bereits laut durch die Gänge. Hier werden die Kinder gerufen, Frauen zum Kartoffelschälen müssen bestimmt werden, beim Saubermachen ist etwas zu beanstanden, eine öffentliche Mahnung muss an alle gerichtet werden, die Kaltverpflegung ist auszugeben, kurz, Frau Barth kommt nie zur Ruhe, und spät nachts brennt noch Licht in ihrem Zimmer.

Bei einem solchen Posten sind viele Klagen und Angriffe unvermeidlich. Ich glaube, sie hat nicht immer ein ganz reines Gewissen, doch findet sie mit größter Zungenfertigkeit und noch größerem Stimmaufwand für alles eine glaubwürdige Verteidigung. Nur sonntags, wenn die Arbeit ruht, bekommt sie das „heulende Elend", da ihrer praktisch veranlagten Natur jede geistige Beschäftigung unerwünscht ist, geschweige denn ein Gottesdienst, in dem ich mir so oft Trost und Kraft hole.

Dann verflucht sie unser „dänisches Schicksal" und, um nicht in Tränen zu ertrinken, begibt sie sich entweder zu einem Besuch ins Nachbarlager, oder sie erkämpft sich eine Tanzkarte und sieht den immer mehr sich vervollkommnenden Tanzversuchen ihres sechzehnjährigen Horst zu. „Erkämpft?“, fragst du erstaunt. Oh ja, da der Tanzraum nicht groß ist, werden regelmäßig nur an junge Mädchen Tanzkarten ausgegeben. Viele Frauen sind darüber tief empört, denn bei dem Einerlei hier ist die Vergnügungssucht riesengroß. Dabei ist dieser Tanz, fast ohne Männer, in den überfüllten, schlecht gelüfteten Räumen auf den durchgetretenen stumpfen Dielen doch wahrlich kein Vergnügen. So habe ich von vornherein zu Gunsten anderer verzichtet, aber die meisten reißen sich förmlich um diese Karten, und jedes Mal entspinnt sich bei der Verteilung ein erbitterter Streit.

Klopfen wir eine Tür weiter an, bei Frau Hermann und Frau Stobbe. Erstere entstammt einer alten, demokratisch eingestellten Familie. Ihr Vater, ein Landlehrer, wurde deswegen von der NS-Partei seines Amtes enthoben, und auch ihr Mann stand auf der „Schwarzen Liste“. Nun sind beide wieder als Lehrer und Betriebsingenieur im Beruf, es geht ihnen verhältnismäßig recht gut in Deutschland. (Frau H. und Frau St. gehören zu den wenigen Glücklichen in der Baracke, die trotz der Postsperre auf Umwegen Nachricht von ihren Männern haben).

Durch die damalige Evakuierung der Schulkinder befindet sich auch eine Tochter von Frau Hermann in Deutschland, während diese mit ihrer zweijährigen Margarete nun hier ist und Gott und die Welt und die Dänen, vor allem aber den Nationalsozialismus alltäglich und stündlich verflucht. Aber auch Frau Hermann kommt nicht fort. Das gibt ihren durch die lange Berufszeit als Telefonistin schon sehr geschwächten Nerven oft den Rest. Sie regt sich über die geringste Kleinigkeit maßlos auf und wird dabei leicht ausfahrend und taktlos.

Davon abgesehen, ist sie hilfsbereit, kameradschaftlich, munter, teilnehmend, vor allem sehr sauber, innerlich und äußerlich, eine der ganz wenigen Frauen hier, die während der Zeit in Dänemark nie einen Blick an einen anderen Mann verschwendet haben, und das will in dieser Epoche der völligen Auflösung aller Sitte und Moral schon etwas heißen.

Auch sieht sie ihre Heftigkeit und Ungerechtigkeit immer bald ein, ein Charakterzug, der hier in der Baracke nur sehr selten zu finden ist. Stark für Musik interessiert und begabt, wirkt sie oft bei Aufführungen und im Chor mit. Wenn sie Laute spielt, wäre sie ein ideales lebendes Plakat für Hausmusik: Eine vollschlanke Figur, dunkles, in der Mitte gescheiteltes Haar und große, schöne, braune Augen, die klug und lebenssicher in die Zeit blicken.

Sie ist ein Mensch, der fest mit beiden Füssen auf der Erde steht und doch dabei auch geistig vielseitig interessiert ist. Auch eine tiefe Naturverbundenheit ist ihr eigen.

In religiöser Beziehung sind wir große Gegensätze. Für sie sind Gott und Natur eins, darüber hinaus erkennt sie kein höheres Wesen an, das die Schicksale der Menschen lenkt. Der Mensch ist das Maß aller Dinge. Nur Menschen sind Schuld an unserm Unglück, und nur Menschen können es wenden.

Wenn man nur einen Menschen hat, der einen liebt und restlos versteht, so kann man ganz glücklich sein und fragt nicht mehr nach der Seligkeit. Das Leben endet mit dem Tod, der uns ins Nirwana gleiten lässt. So schilt Frau Hermann denn bei jeder passenden und unpassenden Gelegenheit die „Kirchgänger", die allsonntäglich in die Kirche laufen und ewig beten, dabei unehrlich sind und alles an sich raffen, was sie nur kriegen können, anstatt andern zu helfen. Dass das bei einigen Tatsache ist, lässt sich leider nicht verheimlichen. Doch darf man nicht gleich verallgemeinern und vor allem nicht die Lehre mit den Lernenden verwechseln. Um ihre kirchenfeindliche Haltung auch äußerlich zu dokumentieren, besorgt Frau Hermann stets am Sonntag ihre große Wäsche.

Sie teilt das Zimmer mit Frau Stobbe, einer jungen Mutti von drei kleinen niedlichen Kindern, dick, rund und rosig wie die Posaunenengel. Größere Gegensätze kann man sich kaum vorstellen, und doch haben sie eines gemein: die innere Anständigkeit und Sauberkeit nebst der geistigen Regsamkeit. Frau Stobbe ist eine baltische Arzttochter. Mütterlicherseits stammt sie aus sehr vornehmer schwedischer Familie.

Über ihrem Bett hängt ein Jugendbild ihrer Mutter, die eine berühmte Ballschönheit war. Die Tochter hat von dieser Schönheit leider wenig geerbt. Zwar ist die Haut von wunderbarer Frische und Klarheit und auch der schwellende rote Mund ist sehr reizvoll, aber Figur und Gang sind ausgesprochen plump und die Haare sehr ungepflegt. Doch wie das so häufig zu finden ist, trägt gerade sie eine ständige Sehnsucht nach Schönheit in sich und eine leidenschaftliche Vorliebe für alles Zarte, Anmutige und Überschlanke.

Ihr Mann ist Reklamekaufmann und schlägt sich jetzt recht und schlecht in Deutschland durch. Auch sie sehnt sich sehr nach ihm, aber ihr angeborener Takt und gute Erziehung lassen keine Wutausbrüche und ungerechten Ausfälle zu. Mit niemand in der Baracke verstehe ich mich so gut wie mit ihr. Ich glaube, wir beide sind die einzigen hier, die sich großzügig hinwegsetzen können über den verlorenen Besitz, über die oft ungerechte und spärliche Verteilung von Sachen, Vergünstigungen usw. und die sich weder um Gerüchte kümmern noch um die Habe und Privatangelegenheiten der lieben Nächsten. Es ist manchmal geradezu verblüffend, wie wir zu gleicher Zeit die gleichen Gedanken über Menschen, Welt und Dinge aussprechen. Wir fanden sehr schnell zueinander, und sie sagte mir einmal, meine Ankunft wäre für sie wie ein heller Schein in den lastenden Nebel des Barackenlebens gefallen.

Ihr Traum ist es, Ärztin zu werden, aber, wie sie mit lächelnder Entsagung meinte, es würde in Deutschland wohl nur zur Hebamme reichen! Ja, so hat hier jeder seine Wunschträume, denen meist die Erfüllung versagt bleibt, auch wenn sie sich durchaus in den Grenzen des Möglichen bewegen. Als sie über USA die erste Nachricht von ihrem Mann bekam, bat sie mich um einen Abendspaziergang.

So wanderten wir denn in die sternklare Nacht hinaus, immer bis zum Stacheldraht und wieder zurück zur Baracke, und ich freute mich von Herzen mit ihr und freute mich noch mehr, dass ich dies noch konnte.

Nun wollen wir in mein Zimmer einkehren, aber ich sage dir gleich, es ist kein angenehmer Aufenthalt. Ich erzählte dir schon einmal von den beiden dauernd auf Kriegsfuß stehenden Schwestern, die dort hausen. Die eine, Frau Stürmer, besitzt nur einen kleinen Jungen, der maßlos verwöhnt wird. Peterle muss alles haben, was er sieht, genau wie seine Mutti, sonst bekommt er einen Wutanfall. „Meins" ist daher sein Lieblingswort. Außerdem muss Peterle immer einen Stock in der Hand haben, mit dem er munter auf alles einschlägt, was ihm in die Quere kommt, seien es Stühle, Tassen oder Menschen. Ist der Stock nicht da, so bekommt Peterle den Feuerhaken.

Wie manches Mal hat Olaf darunter zu leiden gehabt, weil er sich nicht wehrte und zu dumm war, den Stock festzuhalten, und wie sehr litt ich mit. Alles um des lieben Friedens willen, aber ich glaube fast, ich gehe in meinem schweigenden Dulden zu weit. Alles dreht sich um Peterle. Er isst schlecht, so muss täglich dreimal während der Mahlzeiten der „böse Wolf" erscheinen, d. h., einer der größeren Neffen nimmt den total zerfransten Flurläufer vor das Gesicht, guckt durch die Türspalte und schreit mit verstellter drohender Stimme: „Wird Peterle mal essen? Sonst kommt der ‚böse Wolf' und frisst ihm alles weg." Peterle hat nicht einmal Angst vor dem „bösen Wolf", nein, es ist ihm ein herrliches Theater, und, dadurch abgelenkt, lässt er sich gnädig einige Bissen in den Mund stecken. Abends tobt er im Bett herum und will nicht einschlafen. Dann muss jemand an die Wand klopfen oder ans Fenster. „Hörst du, Peterle, der ‚Mummelutsch' ist da, gleich kommt er, schnell zudecken, Peterle. Was, du willst nicht? Au warte, hast du's gehört, draußen steht der böse Wind und will zum Peterle ins Bettchen. Nein, nein, böser Wind, Peterle ist ja artig, geh fort böser Wind, wir lassen dich nicht herein."

Dieses gänzlich fruchtlose Manöver wiederholt sich nicht nur abends einige Male, sondern auch nachts, wenn Peterle des Öfteren aufwacht und freudig oder ärgerlich losbrüllt. Dann unterhält ihn die Mutter stundenlang vom bösen Wolf, vom Mummelutsch oder vom bösen Wind, sodass Peterle, statt einzuschlafen, immer munterer wird. Ich glaube, der scharfe, schrille Peterle-Ruf und die Märchen vom bösen Wolf werden mir noch mein Lebtag in den Ohren klingen.

Und nun die Mutter: Beim ersten Sehen glaubte ich ohne weiteres, dass sie ein „Satan" wäre: sehr hager, groß und knochig, stelzte sie mit langen, verhältnismäßig kräftigen Beinen mir entgegen. Das Gesicht war abgezehrt und zeigte eine gelbliche, krankhafte Farbe. Das Beherrschende an diesem Gesicht waren Mund und Augen. Letztere, blassblau und weit vorstehend, haben ein wahrhaft eisiges Glitzern, und ich habe noch nie einen so großen, ungeschwungenen Mund gesehen. Genau wie Peterle muss sie alles haben, was sie sieht. „Organisieren", d. h. nehmen, wo etwas Herrenloses sich herumtreibt, ist ihr Schönstes. Wehe dem, der mehr hat oder bekommt als sie.

Unendlich neugierig, hat sie doch wohl für niemand ein warmes Interesse als für Peterle und ihren Mann in Deutschland. Sie wäre eine schreckliche Krankenschwester geworden, aber ein erstklassiger Kriminalbeamter. Nichts entgeht ihr, kein außer der Zeit besohltes Paar Schuhe, kein Einkauf in Aalborg, kein neues Kleid und erst recht kein noch so heimliches Liebesverhältnis. In moralischer Beziehung ist nichts gegen sie zu sagen. Aber alle Bücher, die sie liest, müssen von Liebe handeln, sonst taugen sie nichts. Der große Mund steht selten still, und obwohl sie von jeder noch so bescheidenen Geistigkeit soweit entfernt ist wie der Himmel von der Hölle, will sie stets alles besser wissen und weh dem, der ihr widerspricht.

„Ein schrecklicher Mensch“, meinst du? Ach nein, sie kann auch recht nett sein. Munter, unternehmungslustig, fleißig, treu und eine sehr aufopfernde, wenn auch sehr törichte Mutter. Manchmal, wenn jemand ihrem Peterle etwas Gutes tut, kommt sogar ein warmes Leuchten in ihre glitzernden Augen. Sie hat sieben Jahre als Hausgehilfin in einem vorbildlichen Berliner Haushalt gedient und versteht die Wirtschaft aufs Beste.

Welch ein Unglücksstern hat nur die Schwestern bestimmt zusammenzuziehen! Äußerlich haben sie auch nicht einen Zug gemeinsam. Frau André hat ein rosiges Gesicht mit glattem Madonnenscheitel und einem walnussgroßen Haarknoten am Hinterkopf. Die Augen sehen unter der Brille immer sehr sorgenvoll in die Welt. Genauso groß und hager wie ihre Schwester, wirkt ihre Erscheinung betont schlicht und etwas spießbürgerlich, und dieses Sorgenvolle und allzu Biedere, was auch in ihrem Wesen zum Ausdruck kommt, lässt sie viel älter erscheinen, als sie ist. Obwohl wir nur zwei Jahre auseinander sind, fragte mich einmal jemand, ob ich ihre Tochter wäre.

Sie ist weder neugierig noch angriffslustig und hat mit der Erziehung ihrer drei Kinder und der Instandhaltung ihrer Kleidung viel zu tun. Sie sieht wohl die Fehler ihrer Kinder, schilt und schlägt sie übergenug, was stets mit einem grässlichen Lärm und gemeinsten Ausdrücken verbunden ist, dann aber lässt sie ihnen doch ihren

Willen. Vor allem kann sie es wie die meisten Mütter nicht ertragen, wenn andere ihre Kinder tadeln. Nun, die meinen sind erst recht keine Engel, und wer im Glashaus sitzt, sollte nicht mit Steinen werfen. So schweige ich denn zu allen Ungezogenheiten der anderen wohlweislich still, nicht so Frau Stürmer. Obwohl oder gerade weil sie die verwundbarste Stelle ihrer Schwester kennt, schilt sie die Kinder täglich aus, wobei ihre Hand auch manchmal ausgleitet. Sie tut es außerdem mit verächtlichem Ton, weiß jedes verjährte Vergehen immer wieder hervorzuholen und so grell zu beleuchten, dass, ich gebe es offen zu, schon eine eiserne Selbstdisziplin dazugehört, um ihr nicht Peterle´s Erziehung genauso höhnisch und verächtlich vorzuwerfen.

Unglücklicherweise ist Frau André ebenso leicht aufbrausend und unbeherrscht wie ihre Schwester, so prallen die beiden denn fast jedes Mal wie Meteore aufeinander. Etwa so: Frau Stobbe findet ihre Haarspange nicht, die nach ihrer Meinung noch eben auf dem Nachttisch lag. Frau André: „Willst du etwa behaupten, ich hätte sie genommen oder etwa Ella? Das verbitte ich mir, meine Kinder stehlen nicht!" „So? Und wer nahm mir im vorigen Jahr die Strickwolle aus meinem Nähkasten? Willst du vielleicht behaupten, dass dies deine hoffnungsvolle Ella auch nicht war?" Schweigen, dann Frau André: „Immer zerrst du die alten Geschichten hervor. Ja, das eine einzige Mal, da war sie es, aber seitdem hat sie nichts genommen, und die Haarspange hat sie bestimmt nicht." Frau Stobbe: „Ach, rede doch nicht so daher, natürlich hat sie die Spange, Peter war ja gar nicht im Zimmer." Nun kann Frau André sich nicht mehr beherrschen und schreit: „Halts Maul, du Dussel!" „Danke für den Dussel, ich werde mir's merken. Ach, es ist furchtbar, nicht das Geringste kann man herumliegen lassen, dann macht ihr lange Finger!" Frau André, nun schon ganz kurzatmig: „Du, du altes Gespenst du, ich lasse mich nicht mehr von dir beleidigen und meine Kinder schon gar nicht. Ich gehe zum Inspektor."

Frau Stobbe höhnisch (so höhnisch wie sie habe ich nur noch im Theater lachen hören): „Geh nur, geh, damit möglichst das ganze Lager weiß, wie gut wir Schwestern uns vertragen. Aber zu Hause hast du mir ja auch schon die Taschentücher aus dem Koffer genommen!“ Frau André: „Ich dir? Du mir! Du hast sie unserer Mutter, die die Taschentücher schon für mich bestimmt hatte, gestohlen, und da habe ich mir die Tücher eben wieder zurückgenommen.“

Frau Stobbe: „Das hast du wohl geträumt, dass Mutter sie dir vererben wollte! Sag das bloß noch einmal, dass ich gestohlen habe, du scheinheiliges Madonnengesicht, du! Deine Brille möchte ich dir herunterreißen und dir mitten in dein Gesicht schlagen.“ Und schon ergreift sie den Kaffeetopf, und der Kaffee fließt der Schwester aufs Gesicht und Kleid, die Scherben liegen am Boden. Die Haarspange ruht indessen friedlich unter dem Nachttisch.

Damit ist der Höhepunkt meist überschritten. Erschöpft von ihren Heldentaten wirft sich Frau Stobbe aufs Bett, nimmt ein Buch zur Hand und tut, als ginge sie dies alles nichts mehr an. Auch Frau André wirft sich aufs Bett, bekommt Magenkrämpfe, weint und schluchzt hysterisch.

Wenn möglich, nehme ich zu Beginn dieser Auftritte die Kinder an die Hand und gehe mit ihnen fort. Leider ist es aber häufig kalt, und ich weiß oft nicht, wohin. Ich stehe immer zwischen zwei feuerspeienden Vulkanen, und es gehört eine außerordentliche diplomatische Kunst dazu, sich nicht zu einer Partei herüberziehen zu lassen.

Aber selbst dieses Leben hat das Gute, dass ich's in der Selbstbeherrschung fast bis zur Meisterschaft gebracht habe und dass ich alle Furcht vor dem Zusammenleben mit anderen verloren habe; denn ich sage mir nun stets: Schlimmer kann es, in dieser Beziehung wenigstens, doch nicht mehr kommen.

Erinnerungen an alte Zeiten

Ja Liebes, du willst hier nicht länger bleiben? Ich kann dir's nicht verdenken, es ist eine Stube ohne Gott. Aber begreifst du, dass ich die Nächte brauche wie ein Stück Brot? Dann schweigt ja endlich einmal dieser brodelnde Hexenkessel, und es kommt die Stunde, wo die Seele sich auf sich selbst besinnen kann.

Wie unendlich tröstlich ist es, dann zu wissen: „ Siehe, ich bin bei euch alle Tage, bis an der Welt Ende."

Oft denke ich dann auch vor dem Einschlafen an unseren so sehr geliebten ostpreußischen Badeort Rauschen, wo wir wohl alle die glücklichste Zeit unseres Lebens verbracht haben. Erinnerst du dich noch an unsere Villa? Sie war im nordischen Stil erbaut. Unten lag die große holzgetäfelte Wohnhalle mit Drachenköpfen und Schwertern, und längs an den Wänden sah man eine Reihe von Ölgemälden, welche Szenen aus der Fridjofsage darstellten. Abends, wenn Gäste da waren und musiziert wurde, saß ich in eine Ecke gedrückt, und während ich den Klängen der Geige lauschte, züngelte der Flammenschein aus dem brennenden Kamin über den schönen Fritjof, der Ingeborg über den Bach trug, und ließ Ingeborgs langes Haar wie rotes Gold glänzen. Draußen war immer ein geheimnisvolles und doch so vertrautes Rauschen, von dem man nicht wusste, waren's die Bäume im Park oder die Wellen der Ostsee. Und in Gedanken wandere ich dann immer wieder die wunderschönen Wege an der Steilküste mit euch und Werner entlang: Hier war der Bach und da der Steg und hier das Meer und dort der Weg ... Ja, und dann weine ich doch ein bisschen.

Siehst du, Herzensmutter, das ist unser Flur! Auf wenigen Quadratmetern eine Menge Menschen aus den verschiedensten Landstrichen und Gesellschaftsschichten. Jeder ist eine Welt für sich, über jeden könnte man ein ganzes Buch schreiben, und jeder trägt sein Schicksal, das hier bei allen fast gleich ist, doch ganz anders. „Greif nur hinein ins volle Menschenleben, und so du's packst, da ist es interessant", immer wieder muss ich an diese Goethe-Worte denken.

So eintönig erscheint unser weltabgeschiedenes Dasein hinter dem Stacheldraht, und wie viele große und kleine Tragödien und Komödien spielen sich darin ab! Wie viele Schicksale, Temperamente, Charaktere wirbeln da durcheinander! Jeder hat seine Geschichte, seine Leidenschaften, sein Herzeleid und seine Hoffnungen.

Nur wenige Minuten weiter läuft die Straße vorbei, da beginnt die andere Welt, da fährt man per Auto, Omnibus oder Rad zur Stadt, kauft ein, da plaudert man bei Bohnenkaffee und Kuchen, da sitzt man am Abend in seinem gemütlichen Heim, streckt sich wohlig in den weißbezogenen Federbetten und denkt vielleicht auch einmal flüchtig an die hässlichen Flüchtlingsbaracken, die man später, sobald die ungebetenen Gäste endlich alle abgeschoben sind, wegen Seuchengefahr und Ungeziefer wohl sobald wie möglich abbrennen wird.

Haben wir es denn früher anders gemacht? Ach nein, ich bin auch gar nicht bitter, Liebes. „Es kann ja nicht immer so bleiben hier unter dem wechselnden Mond!" Manchmal, wenn dieses geordnete, gutbürgerliche Leben so an mir vorüberzieht, empfinde ich fast so einen Anflug Landstraßenhochmut und denke ein ganz klein wenig überlegen: Was wisst ihr denn schon vom Leben?

Weihnachten und die letzten Tage mit Paul

Am Neujahrstag 1946

Pauls Abreise und die fast aller Soldaten war auf den 27. Dezember 1945 festgesetzt worden. Alle freuten sich, das Weihnachtsfest noch hier zu verleben statt unterwegs oder in einem Durchgangslager. Die Feiertage verliefen angenehmer und fröhlicher, als ich es gedacht hatte.

Paul war alle drei Abende bei uns und hatte uns reich beschenkt: Jedem der Kinder eine große Holzeisenbahn, mir einen Koffer, ein Regencape, Kochtöpfe und Geschirr, dazu ein kleines Foto von sich selbst, auf dem er sehr vorteilhaft aussah. Ist es nicht überhaupt seltsam, dass gerade hässliche Menschen auf Photographien meist viel hübscher aussehen als im Leben?

Auch einen schönen Tannenbaum hatte er uns besorgt, den die Kinder mit selbstgefertigten bunten Ketten und Sternen geschmückt hatten. Auch Lisa schickte Spielzeug, und zum Überfluss erschien später der Weihnachtsmann höchstpersönlich in Gestalt des Lagerinspektors und brachte weitere Geschenke.

Also, plötzlich ein „embarras de richesse". Axel, gar nicht schüchtern, schnurrte ungefragt sein Weihnachtsgedicht herunter. Es gefiel dem Weihnachtsmann so gut, dass Axel es tags darauf noch einmal vor größerem Publikum aufsagen musste.

In Ermanglung von etwas Vorhandenem hatte ich selbst eins machen müssen.

Hier hast du's, es ist aber mehr ein Flüchtlingsgedicht geworden:

Der Krieg ist längst zu Ende,
doch liegt die Heimat weit,
und bis wir wiederkehren
vergeht wohl noch viel Zeit.

Ob Deutschland oder Dänemark,
Europa oder Afrika,
Gott ist an allen Orten
und ist uns immer nah.

So schickt er uns den Weihnachtsmann
sogar nach Aalborg her,
und meine beiden Jungen,
die freuen sich nun sehr.

Nur müssen sie in Zukunft
viel artiger noch sein,
dass alle Jahre wieder
das Christkind kehre ein.

Großvater, Papa, Onkel sind
im Himmel schon zu dritt.
Sie sehen auf uns hernieder
und freuen sich alle mit.

Die Küche lieferte Pudding mit Saft und am ersten Feiertag ein Festessen mit Kaffee und etwas Kuchen. In Deutschland hätten wir es wohl nicht so gut gehabt. Zudem waren die Kinder in einer geradezu typischen Weihnachtsstimmung: Maßlos aufgeregt und restlos glücklich, und die göttliche Gnadentat von Bethlehem hatte auch in meinem Herzen ein helles Licht angezündet. Der gute Paul hatte schon in seiner Baracke ein feudales Abendessen bereitet und brachte alles im Topf noch heiß an, sodass ich nur die Teller hinzustellen brauchte. Später zog ich mit den Kindern durch die ganze Baracke, um allen unsere besten Weihnachtswünsche zu bringen. So kam ich überhaupt nicht zum Nachdenken.

Einmal nur, sekundenlang, war mir's, als wären wir alle in unserer Königsberger Wohnung. Wir saßen nach dem Abendbrot still bei einem Glas Glühwein und sahen in die Lichter des Tannenbaumes. Unsere Herzen lagen friedlich, fast wunschlos in der Brust, und wir alle dachten wohl daran, wie dankbar und zufrieden wir doch sein konnten, das Fest wieder gesund und gemeinsam zu feiern. Ein Licht brannte nur noch und flackerte unruhig hin und her. „Das ist Deutschland", sagte Werner plötzlich in unser tiefes Schweigen hinein. „Nein", riefst du schnell, „das ist Russland".

Da packten mich plötzlich wieder die tödlichen Schmerzen um euern Verlust und das Leid unseres Volkes. Sonst aber war ich fast heiter, ausgeglichen und dankbar in diesen Weihnachtstagen.

Der 27. Dezember war dann mit Abfahrtsvorbereitungen völlig ausgefüllt, d. h., Paul packte allein, und ich half einer Nachrichtenhelferin, einer gemeinsamen Bekannten von uns, die mit dem gleichen Transport reisen sollte. Abends begleitete ich beide zum Nordabschnitt des Fliegerhorstes, von wo der Zug abfahren sollte.

Diese Bahnhofsszene war eine der eigenartigsten und eindrucksvollsten, die ich in meinem Leben überhaupt erlebt habe. Draußen war es stockfinster, Sturm zerrte an unseren Mänteln, und die Regentropfen klatschten uns ins Gesicht. Auf dem sehr ausgedehnten Bahnhofsgelände standen die Soldaten in kleineren und größeren Gruppen beisammen: Hier die Luftnachrichtentruppen, dort die Kraftfahrer, etwas weiter das Sprengkommando und gegenüber das Sanitätspersonal. Eine Menge Frauen und Mädchen waren mitgekommen, und wenn ab und zu die grellen Scheinwerfer der Lastautos aufblitzten, dann sah man viele Paare, die sich förmlich aneinander festgeklammert hatten, als wollten sie nie mehr voneinander lassen. Alle Mädchen reisten in Gedanken schon mit, und alle Männer waren sich darüber klar, dass nun ein ganz neues Leben, härter und schwerer als das alte, beginnen müsse.

Und plötzlich glaubte ich, wir wären noch mitten im Krieg. Ich sah zum Greifen deutlich Werners schönes Profil neben mir, seine kräftige hohe Gestalt in dem langen Offiziersmantel, seine ruhigen Bewegungen, sah uns, wie wir so viele, viele Male auf einem Bahnhof standen, um Abschied zu nehmen, bis es dann eben einmal das allerletzte Mal war. Dann sah ich Paul an, das gute, hässliche Gesicht, die gebückte Haltung und die vor Erregung ganz fahrigen Bewegungen, und ich dachte im verzweifelten Erstaunen: „Warum stehst du denn überhaupt noch hier? Er fährt zu seiner Familie, die allein ein Anrecht auf ihn hat, außerdem hat unser Verhältnis doch so gar nichts gemein mit dem der anwesenden Paare. Ja, wäre es Werner gewesen, ich hätte gern die ganze Nacht in Wind und Regen gestanden."

Schilt mich undankbar, Liebes, aber ich konnte auch nicht mehr eine Minute länger bleiben. Paul schien so etwas gefühlt zu haben, denn er sagte plötzlich unruhig: „Es ist sehr lieb von dir, dass du noch mitkamst, aber sicher dauert es hier noch stundenlang. Du wirst dich bei dem Wetter schwer erkälten." „Ja", fiel ich schnell ein, „sei nicht böse, wenn ich jetzt gehe, Paul, mir ist sehr kalt. Hab nochmals Dank für deine selbstlose Fürsorge! Ich wünsche dir von ganzem Herzen, du möchtest deine Familie gesund wiederfinden. Und nun leb wohl, grüß Deutschland und behüte dich Gott!"

Ich glaube beinahe, dass in seinen Augen eine Träne schillerte.

Durch die Nacht und den Regen tastete ich mich allein nach Hause. Ein altes Lied aus Storms „Immensee“ ging mir durch den Kopf, als ich dabei zurückdachte an jene seltsame Bahnhofsstimmung und die viele sündige Liebe, die darüber schwebte: „Heute, ach heute bin ich noch schön. Morgen, ach morgen muss alles vergehn. Oh diese Stunde, die ist noch mein. Morgen, ach morgen bin ich allein.“

Fünf Minuten vor der dänischen Wache überlegte ich angestrengt, ob ich es wagen sollte, den regulären Weg durch die Kontrolle zu nehmen. Ich entschloss mich aber dann doch für den Gang durchs Zaunloch. Mit Hilfe einer abgeblendeten Taschenlampe, die ich ab und zu zaghaft am Boden aufblitzen ließ, fand ich zunächst den Kiesweg und schlich, während um mich Totenstille herrschte, immer dicht im Sand am Grabenrand entlang, damit meine Schritte auf dem Kies nicht knirschten.

Plötzlich ein Geräusch, ich blieb unbeweglich stehen, nichts. Also schlich ich weiter. Gottlob, nun hatte ich den Graben gefunden, über den ich hochsteigen musste, und da war ja auch schon das Zaunloch. Niemand kauerte davor, bereit, sich auf mich zu stürzen, wie ich befürchtete. Ungesehen gelangte ich in die Baracke.

Auf diesem nächtlichen Gang war mir zu Mute, als spielten wir als Kinder Räuber und Soldat, nur dass es dieses Mal gefährlicher war. Ich genoss geradezu bewusst den prickelnden Reiz der Gefahr und die Spannung, wie alles ausgehen würde. Mein Herz klopfte ängstlich bis zum Halse, und gleichzeitig lächelte ich befriedigt. Wieder musste ich an Königsberg, die „Stadt der reinen Vernunft“ denken, und ich sah förmlich den alten Kant (ob sein Denkmal wohl immer noch auf dem Platz vor der Universität steht?) mahnend den Finger heben: „Handele so, dass die Maxime deines Handelns zugleich auch die der ganzen Welt sein könnte.“ So etwa hat er doch gesagt, nicht wahr?

Ach Herz, allzu viele Vorschriften und Verbote reizen allzu sehr zu ihrer Umgehung. Das Wohnen in dem engen Zimmer wird mir manchmal zum Martyrium. Die Luft ist zum Schneiden, und das Fenster darf kaum geöffnet werden. Die beiden Schwestern zanken sich mehr denn je, und etwa zehnmal täglich ergießt sich eine ganze Schimpfkanonade auf die Kinder.

Mir steigt der Ekel hoch, daher erlass mir die Wiedergabe. Außerdem sitze ich immer wie auf dem Pulverfass. Ich bin überzeugt, ich brauchte ihre Kinder nur einmal anzuschreien oder ihnen nur einmal scharf zu antworten, so stürzt ein Regen schwerster Anklagen, Tadel und Schimpfworte auf mich und die Kinder ein, während man bisher dank meiner immer gleichbleibenden Ruhe und Selbsterkenntnis, meine Fehler betreffend, zu meinen unbestreitbar vielen Schwächen meist still war.

Silvester ging ich nachmittags zur Kirche. In Ermangelung eines eigenen Gebäudes fand der Gottesdienst im Kino statt. Es war so voll, dass ich auf der Erde sitzen musste. Ein alter Superintendent aus Ostpreußen sprach. Der Mensch, so sagte er, wäre eine Dreiheit von Körper, Geist und Seele wie ein Baum, dessen Wurzeln tief im Erdreich ruhen und dessen Krone zum Himmel ragt. Die meisten Menschen hier sind zu sehr nur Wurzeln, und so käme es ihm oft vor, als spräche er eine Sprache, die sie gar nicht verstehen.

Ja, siehst du, Liebes, genau das ist es, was mir das Leben hier so schwer macht und mich trotz allen guten Willens den anderen mit wenigen Ausnahmen immer als eine Fremde erscheinen lässt. Es sind gar nicht so sehr Herkunft, Erziehung und Bildung, nein, die meisten sind eben Wurzeln. Sie sorgen rührend für das leibliche Wohl ihrer Kinder, sind sicher alle vorbildliche Hausfrauen und sehr geschickt in allen praktischen Fähigkeiten. Ihre Erfindungsgabe in der Herstellung von Neuem aus Altem, ihre Fertigkeiten in allen Zweigen der Näh- und Handarbeit sind so verblüffend, dass sie jeder Kunstgewerbeausstellung Ehre machen würden und sogar die dänische Presse schon darauf aufmerksam geworden ist. Aber darüber hinaus haben sie nur Interesse für Kleiderverteilung und die alltäglichen Dinge, das Barackenleben betreffend.

Wie schön, wenn man Wurzel und Krone zugleich sein kann oder wie Wilhelm Raabe das einmal ausdrückte, „Acht haben auf die Gassen und gleichzeitig nach den Sternen schauen". Bei mir ist es gerade umgekehrt, ich bin sehr vielmehr Krone als Wurzel, schaue zu oft nach den Sternen und stolpere dabei über die Gassen. Ob ich es noch einmal lernen werde, mich auch in den Gassen ganz zurechtzufinden? Wenn ich sehr unglücklich über mein Versagen in dieser Beziehung bin, dann tröste ich mich oft mit der schönen Geschichte aus Bethanien. Es muss doch auch Marianaturen geben!

Alle hier ereifern sich über dieses „entsetzliche, verrückte Jahr", das ihnen nichts als Kummer, Strapazen, Entbehrungen und Trennungsschmerz gebracht hat, und jeder hat nur den einen Wunsch, die nächste Weihnacht in Deutschland zu feiern. Sie stehen so spät wie möglich auf, damit der Tag schneller vergeht, und erörtern täglich stundenlang die Frage der Heimreise.

Dabei stehen die Gerüchte wie höhnische Fratzen um sie herum: Einer sagt: „Bis Februar sind wir alle heraus", der Zweite: „Ach, drei Jahre müssen wir noch hier bleiben." „Ach wo", sagt ein Dritter, „wir kommen zunächst alle in ein anderes Lager, wahrscheinlich auf die Insel Bornholm", während ein ganz Schlauer genau wissen will, dass demnächst Krieg kommt und wir nach Schweden abtransportiert werden.

Es gehören tatsächlich schon sehr starke Nerven und viel Widerstandskraft dazu, um sich davon nicht anstecken zu lassen, sonst flieht man in eine „schönere Welt", indem man seufzend Kriminal- und Liebesromane leichtesten Stils liest oder im Varieté sich „Alt-

Wien“ oder etwas „Echt Pariserisches“ vorgaukeln lässt. Dabei ist es übrigens wieder interessant, wie sich diese Vorstellungen aus Elternabenden und kleinsten primitivsten Anfängen zu ungeahnter technischer und schauspielerischer Höhe emporgeschwungen haben. Die Kulissen und Beleuchtungseffekte z. B. sind schon ganz ausgezeichnet, ebenso die Kostüme, obwohl nur ganz geringe Mittel zur Verfügung stehen. Nur gerade inhaltlich verflacht man immer mehr, und die leichte, allzu leichte Muse feiert immer größere Triumphe.

In der Silvesternacht ging ich hinaus und sah in die Sterne, die da oben so sicher, so ruhig und so verheißungsvoll ihre Bahn zogen, und dachte daran, dass auch wir ja alle auf unserer Wanderung gezählt und gewählt sind. Da war mir's, als ob sich der himmlische Vorhang ein wenig öffnete, und ich spürte etwas von jenem wunderbaren Frieden, den wir hier auf Erden doch immer vergebens suchen.

Zum ersten Male in meinem Leben war ich völlig wunschlos, ohne Hass und ohne Anklage, ohne Erinnerungen, ohne Zukunftsangst, etwa so, wie es in jenem schönen Adventslied heißt: „Was gewesen, werde stille, stille, was dereinst wird sein. All mein Wunsch und all mein Wille geh in Gottes Willen ein.“

Diese Stimmung kann nicht von langer Dauer sein, ich weiß es schon heute. Man ist eben nur ein Mensch, und vielleicht morgen schon wird mir das enge Zusammensein mit meinen Zimmergenossen wieder unerträglich erscheinen.

Aber wie soll ich mich ausdrücken? Alle diese Grundgefühle bleiben doch bestehen und ringen sich immer mehr durch.

Vor dem Einschlafen musste ich an mein letztes langes Gespräch mit Hans in Danzig denken. „Amor Fati“? Ja, trotz allem!

In dieser Silvesternacht träumte ich, wir sollten abreisen. Immer wieder stand ich Schlange vor Bahnhofsschaltern und immer wieder fragte der Beamte mit lauter Stimme alle Leute: „Wo wollen Sie hin?“ Die verschiedensten Städte Deutschlands wurden genannt. Kam die Reihe an mich, so antwortete ich jedes Mal hell und bestimmt: „Nach Bethlehem.“

Weiterleben in Dänemark

15. März 1946

„Im Leben geht alles vorüber", und auch dieser Winter neigte sich nun seinem Ende zu. Gottlob war er, abgesehen von scharfen Schneestürmen im Februar, sehr milde. Torf gab's immer genug. Wir mussten weder hungern noch frieren. Ich glaube, das können in diesem Jahr nur ganz wenige Deutsche von sich sagen, und so wollen wir auch von Herzen dankbar dafür sein.

Gesundheitlich ging es uns nicht gut. Ich hatte gleich nach Neujahr Stirnhöhlenentzündung und Axel eine chronische Bronchitis, die sich auf die Lunge gelegt hatte. Zurzeit ist er zur Beobachtung auf der Tuberkulosestation in Aalborg. Auf diese Weise habe ich Gelegenheit, öfters in die Stadt zu kommen.

So sehr man sich dann einerseits der Freiheit freut, ist es doch ein recht eigenartiges, bisher nur aus Märchen oder Filmen bekanntes Gefühl, so an den vielen, sorglosen, mit Päckchen und Blumen beladenen, gut angezogenen Dänen vorbeizugehen oder in die Schaufenster zu gucken, wo es von der Fleischpastete bis zum Luxusauto alles gibt, was das Herz begehrt. Und dabei nicht einmal eine Öre zu besitzen, um sich auch nur ein Paar Schnürsenkel oder den Kindern einen Apfel kaufen zu können. Sieht man dann noch die verlockende Pracht in den Konditoreien, so sind das Tantalusqualen! Kommt man dann nach Hause zurück, empfindet man plötzlich sogar die Wohltat des Stacheldrahtes. Unsere Kost ist zwar ausreichend, aber sehr einförmig. Obst, Eier und Marmelade fehlen gänzlich. So treten als Folge der vitaminarmen Ernährung allerlei körperliche Schäden auf, vor allem Hautausschläge und Paradentose. Dazu kommen noch die durch das raue Klima bedingten Erkältungskrankheiten wie Stirnhöhlenvereiterung, Rheuma in allen Variationen, Bronchitis und Lungenentzündung. Da ein Unglück selten allein kommt, bekam ich ein Blutgeschwür am Fuß, was mir, eben auch durch die schlechte Heiltendenz, die durch die Ernährung hervorgerufen wird, viel zu schaffen machte.

Sonst aber hat sich meine Lebensschaukel ein wenig emporgehoben. Seit dem 1. März unterrichte ich nämlich in den Oberklassen der hiesigen Aufbauschule. Du weißt, ich habe kein Abschlussexamen, doch unterrichten hier so viele Laien, die nicht einmal das Abiturium haben, dass dieser Mangel nicht weiter auffällt. Natürlich bekommen wir kein Gehalt, nur zusätzliche Verpflegung, und vor allem konnte ich innerhalb der Baracke umziehen, bewohne nun ein kleines Eckzimmer mit nur einem älteren Ehepaar zusammen und habe wenigstens einen Tisch und einen Spind für mich allein.

Auch eine kleine Kindergottesdienstgruppe habe ich nach schwerem inneren Kampf übernommen. Es wurden dazu so nötig Helferinnen gebraucht, doch fühlte ich mich den Anforderungen gar nicht recht gewachsen. Außerdem haben alle anderen Helferinnen entweder keine kleinen Kinder oder Verwandte, die die Kinder beaufsichtigen. Sollte ich die meinen noch mehr allein lassen?

„Wenn Gott uns einen Auftrag gibt, dann soll man folgen, die Kraft gibt er uns dann schon dazu“, sagte eine sehr gebieterische innere Stimme in mir. Ich sprach mit unserem Rektor darüber. „Das ist doch nicht so wichtig“, meinte er. „Es ist aber sehr wichtig“, sagte ich eigensinnig. „Nun ja“, lenkte er ein, „aber die Literaturstunden an unserer Schule kann hier niemand für Sie übernehmen.

Den Kindergottesdienst können auch andere machen, dazu bedarf es keiner großen Vorbildung." Wieder kämpfte ich mit mir. Ich konnte nicht gut singen, ich brauchte auch selbst noch soviel Trost, die Zeit, neun Uhr morgens, lag so ungünstig, nie konnte ich dann sonntags lange schlafen und mit den Kindern gemeinsam frühstücken. Mir war, als zerrten zwei Mächte an mir und rissen mich fast auseinander. Schließlich sagte ich zu und bereute es nicht. Wir sind fast alle Laien, aus den verschiedensten Ständen und Altersklassen zusammengewürfelt. Aber die Kinderschar vergrößert sich, und wenn sie uns so froh entgegenlaufen, wird das Herz weit. Vor allem geben die Besprechungen doch auch eine große innere Bereicherung und Vertiefung, das empfinde ich besonders dankbar.

Was meine Zimmergenossen anbetrifft, so vertragen sie sich ausgezeichnet, und zunächst kam ich mir bei dieser friedlichen Stimmung wie im Himmel vor. Der Mann war lange im Krankenhaus und ist erst seit einigen Tagen zu Hause. Er war Angestellter bei einem Gaswerk im Danziger Stadtkreis, ist schon im 1. Weltkrieg verwundet worden und längst pensioniert.

Da er den ganzen Tag zu Hause ist, bleibt die tägliche Körperpflege ein ungelöstes Problem. Du bist sozusagen immer am Strand oder im Freibad, nur dass du jetzt nicht die zweckmäßige Garderobe dazu hast wie früher. (Lass mich einmal tief seufzen.) Herr Schulz ist sehr ruhig, man merkt ihn gar nicht, so still ist er. Doch ist's eine freundliche Stille.

Frau Schulz ist recht nervös. Über ihr Alter spricht sie nie, doch da sie einen 27-jährigen Sohn hat, wird sie wohl mindestens 50 Jahre alt sein, sieht aber erheblich jünger aus. Dazu ist sie stets sauber und adrett angezogen. Sie spricht und bewegt sich leise, aber sie kann ununterbrochen reden, immer in dem gleichen monotonen Tonfall, immer die gleichen Gedanken, Ärgernisse, Hoffnungen und Begebenheiten wiederholend. Z. B.: „Ach Gott, nun habe ich auf der Post vergessen, mir Briefpapier geben zu lassen, und denken Sie, als ich heute hinkomme, behauptet das Fräulein, ich hätte schon welches bekommen. Na, sagen Sie bloß, so gehässig sind die Menschen! Denkt sich die Person etwa, dass ich lüge? Aber wenn einer kommt und gibt Tabak und Lebensmittel, dann kriegt er überall, was er will. Ja, ja, so ist's und so wird es auch immer bleiben."

„Sehen Sie die Frau da? Die kommt schon wieder zum Essen. Dabei ist's noch eine Stunde Zeit bis Mittag, aber die ist immer so gierig. Dort geht der ‚Liebling', wissen Sie, der ist doch bei den Küchenordnern. Seine Frau ist in Deutschland, aber er ist ihr gar nicht treu, lebt wie ein Falter. Dort ist die Frau Höller, seine jetzige Freundin, die wird ihn schon festhalten halten." „Der Gerhard geht sicher heut auch Grütze holen. Na ja, Hunger treibt's ein! Das ist ein guter Junge, 16 Jahre alt und hat schon so schön bei dem Elektriker gelernt. Meine Uhr hat er mir fein zurechtgemacht. Butter und Wurst gab ich ihm dafür, umsonst kann man ja heute nichts verlangen. Er ist nur ein bisschen zu still, die Mädchen wollen ihn nicht."

„Kennen Sie die Frau Schweiger aus Baracke 10? Die ist früher auch immer zu den Soldaten gegangen. Der Mann ist doch Lettländer. Wie kommt der überhaupt in den deutschen Flüchtlingsausschuss? Das dürfte doch gar nicht sein!" „Was, die Frau Mühlen ist auch im Kindergottesdienst? Na, hören Sie mal, das ist ja unglaublich. Als ihr Freund, der Soldat, abfuhr, hat sie sich aufs Bett geworfen und zwei Tage geweint. Jetzt hat sie erfahren, dass ihr Mann lebt, und nun ist der wieder der Beste. Ihre Mutter raucht wie ein Schornstein und bettelt noch die Dänen um Zigaretten an."

„Das ist doch alles sehr interessant", wirst du sagen. Oh, sicher, wenn man es zum ersten Mal hört. Doch kenne ich ja nun hier die Verhältnisse auch schon in- und auswendig. Und dann denke dir, wenn diese gleichen Gesprächsthemen über die gleichen Personen täglich wiederkehren und immer nur in Anklagen über die Gehässigkeit der Menschen gipfeln, die schlecht, neidisch, unmoralisch und habgierig sind und gelegentliche Kleidersendungen ungerecht verteilen, dann ist das nicht mehr neu!

Die Kleiderfrage ist sicher ein großes, brennendes Problem im Lager. Die Sendungen sind immer nur wie ein Tropfen auf den heißen Stein. Wenn es z. B. für unsere Baracke einen Wintermantel gibt, wie soll der gerecht verteilt werden? Die Bedürftigkeit lässt sich nie eindeutig nachweisen. Die größten Stöhner sind meist die am wenigsten Bedürftigen, und sähe man selbst alle Koffer und Schränke durch, blieben immer noch genug Verstecke.

Noch schwieriger und dringender ist die Schuhfrage. Wir alle gehen im Lager nur auf Holzklumpen, doch strengt dies Füße und Beine sehr an. Die meinigen sind schon ganz geschwollen.

Manche, besonders junge Mädchen, haben von unserer Wehrmacht geradezu Reichtümer gesammelt. Andere Lager haben keine Wehrmachtsbetreuung gehabt; hier sind die Menschen oft völlig abgerissen. Ja, so steht's, doch sind Klagen zwecklos, und ich sehe z. Zt. wirklich noch keine Möglichkeit, das Problem befriedigend zu lösen. Für die Kinder musste ich ja damals kämpfen wie ein Löwe. „Betteln liegt mir nicht", gibt dann Frau Schulz zur Antwort. Nun, Schulzens gehen noch längst nicht in Lumpen. Wenn man vor dem Nichts steht, lernt man auch zu betteln.

In den ersten Tagen hörte ich Frau Schulz noch zu und gab spärliche Antworten. Bald aber wurde es mir unerträglich, besonders da ich so viel zu tun hatte und einen Satz der Literaturgeschichte oft deswegen fünfmal lesen musste, ehe ich ihn nur halbwegs begriff. Meine Nerven rebellierten, und ich wurde stumm wie ein Fisch. Frau Schulz aber nahm das übel. Das hätte mir nicht so viel ausgemacht, wenn ich nicht gerade jetzt den kranken Fuß gehabt hätte. So war ich auf ihre Hilfe angewiesen. Hundertmal am Tag musste ich nun sagen: „Würden Sie so freundlich sein, mir dies zu reichen, das zu holen?“

Sie tat alles Notwendige stumm mit unbeweglicher Miene. Erst ganz allmählich wurde sie etwas zugänglicher. Du glaubst gar nicht, was mich dieses Bittenmüssen für eine Überwindung kostete, ich sehnte mich mit allen Fasern nach dir und konnte wieder einmal nicht umhin, mit dem Schicksal zu hadern, dass es uns beide nicht wenigstens beieinander ließ.

Unser Verhältnis ist nun wieder eingerenkt, besonders seit Herr Schulz zu Hause ist. Er ist stets ein stiller und sehr aufmerksamer Zuhörer ihrer Reden. Es ist nur wieder einmal die Tragik, dass wir wie Feuer und Wasser zueinander passen. Frau Schulz ist fleißig, ehrlich, hat viel Liebe zu kleinen Kindern und ist moralisch unantastbar, aber unendlich kleinlich. Ab und zu geht sie auch zur Kirche, doch stellt sie Bedingungen: „Wenn ich erfahre, dass Erwin tot ist, dann glaube ich an keinen Gott mehr. Erwin hat so gelitten unter den Offizieren und der Regierung, und er ist so ein guter Mensch. Wenn Gott lebt, kann er nicht zulassen, dass mein Erwin durch diesen Krieg umgekommen ist.“ Oder: „Ich gehe bald nicht mehr zur Kirche, was sitzen da manchmal für Frauen neben einem. Dass sie sich nicht schämen, wo sie sich so mit den Soldaten benommen haben.“ Ach, dass das Pharisäertum nie ausstirbt, während Jesus doch nur mit dem Finger auf die Erde schrieb und sprach: „Wer ohne Sünde ist, der werfe den ersten Stein.“

Frau Schulz gehört auch zu jenen Menschen, die nur Wurzel sind. Sie müsste mit einer Frau zusammenwohnen, die ebenfalls den ganzen Tag näht und strickt und genauso interessiert ist an dem Treiben der Mitmenschen und genauso bekümmert um die verlorenen Sachen, das wäre ein ideales Verhältnis.

Ein kleines Abenteuer

Aber nun hör zu, jetzt will ich dir einmal etwas Lustiges erzählen! Axel liegt, wie gesagt, auf der Tb-Station, und ich bekam einen kranken Fuß. Ein Sanitätswagen ist nie frei. Es gab also zwei Möglichkeiten: Entweder ganz auf die Krankenhausbesuche zu verzichten oder unterwegs ein Auto anzuhalten und mitzufahren. Du wirst unschwer erraten, dass ich den zweiten Weg wählte, denn Axel hätte sehr geweint, wenn nun seine Mutti nicht an den Besuchstagen erschienen wäre.

Nun hält man ja an sich schon nicht gern einfach auf der Landstraße ein Auto an, es ist den Dänen auch außerdem streng verboten, deutsche Flüchtlinge mitzunehmen. „Mehr als vorbeifahren kann das Auto ja nicht", sagte ich mir tapfer, indem ich allen inneren Widerwillen niederkämpfte. Auch würden die Soldaten beim Anblick meines dick umwickelten Fußes wohl weder mich noch die Autofahrer einsperren. So machte ich den Versuch und hatte viel Glück. Ich bin schon in den schnittigsten Limousinen gefahren, am liebsten aber nahm ich auf Lastwagen Platz. Erstens schien mir dies am ungefährlichsten, und dann waren gerade die Chauffeure und Handwerker auch immer am freundlichsten.

Neulich war es schon dunkel geworden, als ich zurückkam. Mein Fuß schmerzte sehr, einige Wagen fuhren vorbei. Da kam ein Personenwagen so schön langsam angefahren. Ich sah nur die Lichter, die Insassen konnte ich nicht erkennen. Auf meinen Wink hielt der Wagen sofort. Ein einzelner Herr saß am Steuer, ein Jockey-Typ: Der Mund schmal wie ein Strich, die Nase stark gebogen, die Augen dunkel und etwas stechend, dazu ein sehr energisches Kinn. Da er nicht Deutsch und ich nicht Dänisch konnte, machte die Verständigung Schwierigkeiten. Zunächst bot er mir eine Zigarette an, die ich in die Tasche steckte. Er schüttelte heftig den Kopf, hielt mir eine Streichholzschachtel hin, und unwillkürlich zuckte meine Hand auch nach dieser Schachtel, denn wir haben, so lange wir in Dänemark sind, noch kein Streichholz erhalten (morgens zum Heizen machen wir uns eine Papierfackel und gehen damit zu Herrn Busch, der als einziger Streichhölzer noch von Deutschland her besitzt).

Ich versuchte, dem Fahrer klarzumachen, dass ich die Zigarette gern für den Schuhmacher behalten wollte, da ich die Schuhe sehr nötig besohlen lassen musste und sonst viele Monate warten müsste. Doch er verstand nicht oder wollte nicht verstehen. Dann zog ich meinen Ausgangsschein vor, zeigte auf den Lagernamen „Sundby" und wiederholte eindringlich das Wort. Er nickte, sah nach der Uhr, stellte fest, dass es erst 18 Uhr war und mein Schein auf 19 Uhr lautete. Dann redete er dauernd auf mich ein, ohne dass ich begriff, was er wollte.

Da tauchte Sundby auf, und – er fuhr vorbei! Ich wurde nervös, er lachte, und dann verstand ich soviel, dass er mich nur noch etwas Spazierenfahren und pünktlich um 19 Uhr zurück in Sundby sein wollte.

Die Fahrt ging also weiter, schon fuhren wir auch am Nachbarlager vorbei. Später bog er in einen einsamen Feldweg ein, und dann hielt der Wagen. Ich sah schmutziges Ackerland, in nasskalten Nebel gehüllt, aus dem der Mond halb grämlich, halb geheimnisvoll zu uns ins Auto guckte. Die Uhr zeigte 15 Minuten vor 19 Uhr. Wieder, trotz meiner dauernden Wiederholung: „Sundby", verbunden mit heftigem Kopfschütteln und bittenden Gebärden, redete der Mann auf mich ein, dann plötzlich umklammerte er mit der einen Hand meinen Arm und hielt ihn wie im Schraubstock fest, während er mit der andern Hand mit heftiger Zärtlichkeit meine Wange streichelte. Sollte ich versuchen auszusteigen? Dann würde ich bestimmt eine Wegstunde bis zum Lager brauchen, außerdem wegen meiner Verspätung große Unannehmlichkeiten mit der Lagerpolizei haben, vielleicht sogar würde mir der Ausgangsschein entzogen werden. Was dann? Mich wehren, rufen, Gewalt anwenden? Es war ja niemand in der Nähe, auch würde ich dabei wenig Erfolg haben. Die Uhr zeigte 10 Minuten vor 19 Uhr, jetzt musste gehandelt werden.

Während ich ratlos zu dem schweigenden Mond aufsah, fiel mir eine kleine Geschichte ein, über die Papa und ich einmal viel gelacht hatten. In einem Gymnasium behaupteten die Schüler, in ihrer Klasse wäre ein Platz verhext. Wer dort sitzt, schreibt eine schlechte Arbeit oder fällt im Mündlichen herein. Da meinte der Klassenlehrer lächelnd, er würde den Platz enthexen. Am andern Tag mussten alle Schüler aus den Bänken treten, der Lehrer ging todernst auf den verhexten Platz zu, macht seltsame Kreise und Zeichen mit der Hand darüber und murmelte dazu unverständliche Worte. Seitdem ist der Platz wieder normal.

Die Worte willst du wissen? Sie lauteten: „Mundus vult decipi, ergo decipiatur." Ja, die Welt will betrogen werden, sie werde betrogen! Im Auto war die Situation inzwischen unverändert, nur dass der Mann jetzt eine zärtliche Schlagermelodie pfiff: „Komm, wir bauen uns ein Schloss im Mond, wo das Glück und die Liebe wohnt."

Gleichzeitig mit dieser Geschichte fiel mir ein, dass man doch behauptete, kein Mann könne eine Frau weinen sehen. Aber, oh Schreck, trotz großer Mühe konnte ich auch nicht eine einzige Träne hervorpressen. Ich hatte schon schwierigere Situationen gemeistert und war eigentlich mehr ärgerlich als ängstlich. Alle diese Überlegungen waren übrigens in wenigen Sekunden durch mein Hirn gezogen, nun drehte ich den Kopf zum Fenster, zog ein Taschentuch hervor und rieb mir mehrmals heftig die Augen. Die Wirkung war verblüffend. Der Mann ließ sofort von mir ab, setzte sich am Steuer korrekt zurecht und fuhr an. Kurz vor dem Lager hielt er und stopfte mir noch trotz meiner Abwehr die Manteltaschen voll mit Bonbons und Zigaretten. Ich rief ihm ein strahlendes „Farwell“ zu und war nun doch so erleichtert, dass ich ihm jetzt aus Dankbarkeit fast freiwillig einen Kuss gegeben hätte.

Punkt 19 Uhr passierte ich gelassen die Wache. In unserem Zimmer saß Olaf trübselig vor einer Brotkruste. Als ich ihm die Bonbons gab, wurden seine Augen ganz grell, und er wollte das Papier gleich mitessen. „Vom Weihnachtsmann?“, fragte er dabei. Ich nickte. „Wo wohnt denn der Weihnachtmann?“, begehrte Oly zu wissen. „Ich glaube“, sagte ich etwas abwesend, „er hat ein Schloss im Mond und wollte mich in seinem Auto mitnehmen.“

Doch was wusste Oly von Schlössern, die im Monde liegen? Er wandte sich wieder seinen Bonbons zu und murmelte verklärt: „Chmeckt sehr chön.“ Dann kam plötzlich Leben in den kleinen, dicken, rosigen Bengel mit der winzigen Nase und den ebenso winzigen Ohren. Er rannte zu den andern Kindern in den Flur, und ich hörte ihn triumphierend rufen: „Wir haben Bonbons, hä, vom Weihnachtsmann, hä, und ihr nich.“

Du findest das gar nicht so lustig, sondern sehr gefährlich? „Immer noch so vertrauensselig und so leichtsinnig, Kind?“, fragst du vorwurfsvoll. Ach, Liebes, es ging doch alles gut, und außerdem ist mein Fuß jetzt wieder in Ordnung, und so brauche ich mich in Zukunft nicht mehr auf zweifelhafte Abenteuer einzulassen und gehe lieber auf Schusters Rappen.

Ostern im Fliegerhorst

Am Ostermontag

Nun ist es April geworden, und endlich ist die Postverbindung mit Deutschland wieder hergestellt. Wie heiß haben wir alle auf diesen Augenblick gewartet!

Jeder schrieb schon einen Brief, man kann die Antwort kaum abwarten und hat doch wieder eine lähmende Furcht davor. Ach, nur nicht denken!

Das Osterfest verlief für die Kinder recht abwechslungsreich. Am Sonnabend fand ein Kinderfest statt mit Aufführungen und anschließender Verteilung eines Papierkörbchens, in dem ein Stoffhäschen saß. Ich hatte Zucker und Weißbrot aufgespart und daraus mit Hilfe von Puddingpulver und gerösteten Haferflocken eine Ostertorte gezaubert, die großen Anklang fand.

Aber wir Erwachsenen waren doch alle ein wenig verstimmt, dass in einem landwirtschaftlich so reichen Land nicht ein einziges Ei für die deutschen Kinder zu Ostern bewilligt worden war.

Als daher ein Junge zu mir kam und ratlos erzählte, er hätte für die Schule ein Gedicht zu machen „von drei Dingen", da sagte ich schnell und etwas spöttisch „So schreibst du eben von drei Osterhasen" und diktierte: „Drei Hasen wollten Eier legen/ die Osterzeit, sie naht/ doch konnten alle dreie/ nicht durch den Stacheldraht./ Da liefen alle dreie/ zurück ins Hasenloch/ und unsre Flüchtlingskinder/ die warten immer noch."

Weißt du auch, dass wir hier, theoretisch genommen, einen Idealstaat haben? Niemand hat eigenes Land, eigenen Besitz, eigenes Geld, alles wird gemeinsam verwaltet, bebaut, erarbeitet usw. Die Frauen haben Küchen- und Reinigungsdienste, Schuldienst oder Bastelarbeiten, die Männer handwerkliche Beschäftigung, Bauernarbeit oder Verwaltungsdienst. Es gibt einen Inspektor, Bürgermeister und viele Stadträte, die alle paar Monate neu in geheimer, allgemeiner Wahl bestimmt werden. Diese sind dann den verschiedenen Ausschüssen zugeteilt für Wohnungs-, Gerichts-, Bekleidungswesen usw.

Würde also Thomas Morus, der große Kanzler und Staatsmann, jetzt aus dem Grabe auferstehen, er fände vielleicht sein „Utopia" verwirklicht, natürlich im modernen Sinne – und die Wirklichkeit? Ach ja, zwischen Theorie und Praxis klafft eben stets und überall ein Abgrund!

Am 30. Mai 1946

Was war das neulich nur wieder für ein scheußlicher Tag! Er fing gleich so hübsch an. Olaf weinte herzzerreißend, weil er Milch trinken sollte, dann hatte ich Stubendienst, wobei alle im Zimmer blieben. Dies machte das Saubermachen zur Qual, und mir brach dabei stets der Angstschweiß aus, besonders, wenn man noch ständig bei der Arbeit von kritischen Blicken verfolgt wurde.

Als ich dann Axel zur Schule schicken wollte, war er nicht da. Er befand sich mit dem Kindergarten auf einem Spaziergang, ich musste ihn suchen gehen, und natürlich kamen wir viel zu spät. Da ich mich gar nicht wohl fühlte, hatte ich mich ein wenig hingelegt, doch kaum war ich eingeschlafen, kam die Barackenälteste und holte mich, um Fische sauber zu machen. Davor grauten wir uns alle schon die ganze Woche. Es dauerte jedes Mal fünf Stunden, das schlimmste aber ist das Saubermachen der Köpfe, die wir zu Hause fortwarfen, und das Waschen der Fische in dem eiskalten Wasser. Ich kämpfte dann die ganze Zeit mit Übelkeit.

Als ich wiederkam, hatte Oly inzwischen mit einem Jungen gerauft, der ihm dabei den Ärmel seines einzigen guten Sporthemdes total zerrissen hatte. Im Zimmer war gegen Abend ein schreckliches Durcheinander, da alle die übliche Samstagabendwaschung vornahmen (wann werden wir wohl wieder einmal richtig baden können?), einer über den andern stolperte und alle nach sauberer Wäsche zum Sonntag ihre Koffer durchwühlten.

Mir war so schlecht, der Schweiß floss mir in Strömen am Körper herunter, die Kinder brüllten beim Kopfwaschen wie am Spieß, dazu dachte ich an das zerrissene Hemd und an die Unmöglichkeit, Ersatz zu schaffen. Ich sah mich wild im Zimmer um und dachte verzweifelt: „Wo bleibst du jetzt? Wo kannst du nur wenigstens für Minuten einmal allein sein? Wo kannst du dich sammeln, ruhig werden.“ Da fiel mir der Waschraum ein, doch als ich die Tür aufmachte, stoben dort verlegen ein Küchenordner und ein Mädchen auseinander, die auch hier schon ihre Zuflucht gesucht hatten.

Axel geht in Aalborg zur Schule

Seit Ostern geht Axel zur Schule. Ach, was war der erste Schultag doch früher für ein Ereignis! Eltern, Onkel und Tanten warteten mit großen Schultüten auf den strahlenden ABC-Schützen. Tornister, Tafel und eine feine Federtasche lagen längst bereit, jetzt aber … ? Lassen wir doch diese Erinnerungen! Seien wir lieber dankbar, dass unsern Flüchtlingskindern überhaupt ein Schulbesuch ermöglicht werden kann.

Übrigens ist die Schule auch eine große Enttäuschung, denn Axel, der mit zwei Jahren schon seine ganzen Bilderbücher auswendig konnte und mit vier Jahren bereits Briefe diktierte, ist in seiner Entwicklung ganz zurückgeblieben und durchaus kein guter Schüler. Meist erinnert er sich nicht einmal an seine Aufgaben für den nächsten Tag. Er weiß nicht, wie er den Bleistift halten soll, „1" und „i" kippen alle nach hinten über, außerdem ist er sehr leicht abgelenkt und ganz verträumt. Die Schularbeiten sind für uns beide ein täglicher Schrecken ohne Ende.

Neulich bat ich eine Zeichenlehrerin, mir für unser Zimmer ein Aquarell anzufertigen, und zwar den Blick zur Straße, wo Tag und Nacht der Posten mit geschultertem Gewehr steht. Dahinter sieht man die Straße, und ganz im Hintergrund dehnt sich sommerlich heiter das dänische Land mit seinen Wiesen, Feldern, Bauernhöfen und Kirchen. Es ist uns allen, symbolisch gesehen, das Tor zur Freiheit. Manchmal frage ich mich allerdings, ob diese Freiheit nicht noch viel härter zu ertragen ist als der Stacheldraht, ob uns nicht in Deutschland Nahrungs- und Existenzsorgen fast erdrücken werden! „Wir kommen dann von einem Elend ins andere“, sagte neulich ein alter Mann zu mir.

Wenn ich in Aalborg über die große Brücke gehe, stehe ich jedes Mal ein Weilchen über das Geländer gebeugt und schaue in die blaue Ferne wie Iphigenie, „das Land der Griechen mit der Seele suchend“, aber dieses „Land der Griechen“, unser Land, ist ja nicht mehr das, was es einmal war, sondern mehr ein Ruinenfeld, in vier fremde Zonen eingeteilt, wo Hunger, Sorge, Neid, Existenzkampf, Krankheit und Tod sich ein Fest geben.

Selbst wenn meine Wohnung erhalten bliebe und ich wieder in unsere kleine Stadt zurückdürfte, ich würde es nicht einmal wollen. Sollte ich dort nur Gräber suchen? Und die Erinnerungen würden mich überfallen wie wilde Tiere. „Keine Schwalbe bringt dir zurück, wonach du weinst.“ Nein, es ist besser, ein ganz neues Leben, auch in ganz neuer Umgebung, anfangen zu können.

Ist das denn nicht eigentlich der Herzenswunsch jedes Menschen: noch einmal neu anfangen zu können? Nicht aufzuräumen haben, weglegen und liegenlassen dürfen, was nicht fertig wird. Einen Schnitt machen bis auf den Grund, ein Meer zwischen gestern und heute bringen.

Ja, aber die Gedanken an Deutschland gleichen einer traurigen nebligen Ebene, ohne Türme der Hoffnung, an denen sich die Sehnsucht emporranken kann. Niemand wartet mehr auf uns, niemand fiebert uns mit seinem ganzen Herzen entgegen, niemand weint und lacht dort mehr mit uns, niemand hat dort mehr Interesse, was uns angeht, und ist mit seinen Gedanken ständig bei uns. Dazu kommt noch die allgemeine Not, die die Menschen so hart gemacht hat. Man sagt nicht etwa: „Kommt so schnell wie möglich in die Heimat! Wir, die wir das große Glück hatten, Heim, Geld und Heimat zu behalten, rücken zusammen und bei gegenseitigem guten Willen gehen eben viele Schafe in einen Stall." Oh nein, wir sind das Schreckgespenst der „Eingesessenen" geworden, und abgesehen von den nahen Angehörigen wäre jeder Deutsche froh, uns ewig hier zu wissen, statt wieder noch weitere lästige Esser und Arbeitnehmer nach Deutschland hereinkommen zu lassen.

Wir hören viel über Deutschland, täglich kommen nun schon eine Menge Briefe an, natürlich geht alles durch die Zensur. Doch immer ist solch ein Brief noch ein großes Ereignis, an dem die ganze Baracke lebhaftesten Anteil nimmt. Hat wieder jemand Nachricht bekommen, dass die Angehörigen leben, so ist im Umsehen die ganze Stube voller Menschen, alle liegen sich in den Armen, lachen und weinen durcheinander, die Landkarte wird hervorgeholt, und in Gedanken reist man bereits nach Deutschland, zu jenem neuen Leben hin, das für alle wohl schwerer, aber um des Zusammenseins mit der Familie willen, doch für viele erfüllter und zweckmäßiger sein wird als das dumpfe Dahinvegetieren zwischen Stacheldraht, dem die meisten hier leider doch verfallen sind. Manche Männer in Deutschland haben sogar schon wieder ein Zimmer und Arbeit, und so ist die Ungeduld ihrer Frauen kaum noch zu bändigen.

Auch ich bekam einige Briefe von Bekannten. Es ist übrigens erstaunlich, dass fast alle leben, auch die Männer, wenn auch fast niemand mehr sein Heim behalten durfte und erst recht nicht den alten Beruf. Aber alle finden sich sehr tapfer in die neuen Lebensverhältnisse ein.

Man freut sich, dass wir leben, denn es ging das Gerücht, unser Schiff wäre auf der Fahrt nach Kopenhagen untergegangen. Der Volksmund behauptet ja, dass Totgesagte besonders lange leben. Es kommt doch immer mehr Licht in das Dunkel um den Verbleib der Freunde, wie ein Mosaik setzt sich Stein auf Stein zusammen. Von Werners Eltern ist nichts zu hören, wahrscheinlich blieben sie auf ihrem Bauernhof in Ostpreußen, auch von euch fehlt trotz aller

Nachforschungen bisher jede Spur. Vielleicht wäre auch die Wahrheit noch schwerer zu ertragen.

Nach langer Zeit träumte ich wieder einmal von Werner. Wir gingen durch Dunkelheit, Sturm und Regen. Es war, als wären wir auf der Flucht, und schließlich landeten wir in einem Dorfgasthaus. Es war dort recht öde und leer, ich setzte mich auf eine Bank, und Werner sagte: „So, hier bist du sicher, ich muss nun wieder schnell weiter." Ehe ich noch etwas erwidern konnte, war er schon hinausgegangen in die Nacht. Ich saß in dem leeren Gasthof und dachte traurig daran, wie viel lieber ich mitgegangen wäre durch Sturm und Gefahr, als hier allein in Sicherheit zu sitzen.

Auch draußen ist gar kein Wonnemond. Der Sturm pfeift alte traurige Lieder, und die Regentropfen klatschen kalt und böse gegen die Fensterscheiben. Das Herz wird ebenfalls alt und traurig, kalt und böse. Immer neue Wolken schleichen über den Himmel. Wo ist nur die Sonne geblieben?

Der lang ersehnte Brief der geliebten Mutter trifft ein

Am 5. Juli 1946

Liebstes, gestern kam ein Brief von dir, wie kalt und sachlich dies sich anhört, wenn ich's jetzt so hinschreibe! Ich habe es nicht für mög1ich gehalten, dass man sich allein beim Anblick einer Schrift schon so freuen kann. Als ich den Brief erhielt, hatte Frau Schulz gerade Schneiderei, und die ganze Stube war voller Menschen.

Ich bekam Schüttelfrost und brach dann in ein haltloses Weinen aus, dass alle dachten, ich hätte eine Todesnachricht bekommen. Gegen das Leid hatte ich schon einen Panzer angelegt, doch gegenüber einer so großen Freude verlor ich alle Beherrschung. Ich fühle mich auch jetzt noch körperlich ganz elend.

Abends, als die Kinder zu Bett gebracht waren, rannte ich viele Stunden lang auf den einsamen Rollbahnen umher, bis plötzlich einer unserer braven Ordner aus dem Dunkel der Nacht auf mich zuschoss und mich wütend anschrie, was ich noch so spät „mich draußen herumzutreiben hätte“. Dieser Gang war ein einziges Dankgebet etwa des Inhalts:

„Wird's aber sich befinden, dass du ihm treu verbleibst, so wird er dich entbinden, da du's am mind'sten glaubst.“

Siebzehn Monate war ich ohne Lebenszeichen von dir. Ich habe wirklich nicht geglaubt, dass ich auf alle die brennenden, quälenden Fragen noch einmal Antwort bekommen würde. Aber ich lasse dich lieber selbst erzählen:

„Unser geliebter Papa ruht in Wernegitten, dem gleichen Dorf, wo wir uns damals trennten, in einem Massengrab. Ich habe es mit Sedum, Vergissmeinnicht und Blattpflanzen bepflanzt. Er hat noch neun Tage gelebt. Mein einziger Trost ist, dass ich jede Minute bei ihm war. Vor seinem Tod hat er mich noch so dankbar angesehen und mir die Hand gedrückt. Ich konnte ihm auch manches erleichtern, z. B. die Schlüssel aus der Tasche nehmen, die ihn drückten, und ihm die Stiefel ausziehen.

Die Russen waren ganz freundlich und gaben uns Tee und Kaffee, da das Wasser schlecht war. Einmal fing ich eine Kuh ein, eine Frau melkte sie, und Papa trank gierig die Milch. Eines Nachts fing er an zu röcheln und sagte: „Das halte ich nicht mehr lange aus." Nach einer Stunde etwa zuckte er zweimal zusammen und war tot. Ich hoffe, er hat nicht mehr zu sehr gelitten, da er meist still lag.

Ich musste gleich fort und konnte nicht mehr sehen, wie er begraben wurde. Ich kam zu einem Bauern ins gleiche Dorf und pflegte die Bäuerin, die ihr sechstes Kind bekam. Auch versorgte ich später das Kleine, wusch die Windeln und sprang ein, wo ich konnte. Bei sechs Kindern gab es immer viel zu tun, so dass ich gar nicht zur Besinnung kam. Das war meine Rettung, denn ich bangte mich zu sehr nach Papa und dir. In W. blieb ich bis Ende Dezember 1945. Man ließ uns nur Kartoffeln und etwas Mehl. Schon damals bekam ich eine schreckliche Darmkrankheit, die auch jetzt noch nicht überwunden ist. Ich bin äußerlich nur noch ein Skelett.

Die zweite Flucht war sehr schlimm. Mit einem Brot, das zur Hälfte zerkrümelte, waren wir zehn Tage unterwegs, keine Stadt wollte uns aufnehmen. Der Zug wurde mehrmals von Banden geplündert, wobei ich restlos alles verlor, auch die Handtasche mit allen

Papieren, Geld und Erinnerungen. Meine Persianerkrawatte habe ich aber noch. Ein betrunkener Räuber wollte sie mir abnehmen und gab mir einen schweren Stoß in den Magen, weil ich ihm nicht dabei half. Schließlich ließ er mich fluchend stehen. Besinnst du dich, dass du mir beim Abschied noch deinen Muff in die Hand drücktest? Unsere Handschuhe hatten wir alle verloren, ich habe ihn während der Fahrt immer als Kopfkissen benutzt und war nur so traurig, dass deine lieben, schönen Hände nun so frieren mussten.

Während der nächsten anderthalb Monate waren wir in drei Lagern und fanden es herrlich. Man wurde betreut, etwas, was uns ganz neu war. Es gab etwas Fett, Marmelade und Zucker. Viele alte Leute starben dort nachträglich an den Folgen der Reise. Ende Februar bekamen wir feste Quartiere. Die Leute, die bei den Bauern arbeiten, haben es ernährungsmäßig recht gut.

Ich kann nicht arbeiten und bin deshalb in die niedrigste Ernährungsstufe eingegliedert. Ich wohne bei einem Lehrer in einem kleinen Dorf bei Salzwedel. Wir gehören noch zur „Russischen Zone“, etwa 20 km weiter ist schon die englische Grenze. Der Lehrer hat nur ein Huhn, auch sind es sehr harte Leute. So lebe ich nur von Karten. Täglich hole ich mir Holz aus dem Wald und gehe zum Ährenlesen aufs Feld, dann kann ich mir doch öfters eine Mehlsuppe kochen. Berliner Verwandte schickten mir ein Paket mit einigen Sachen, die ich so notwendig brauchte.

Das Klima ist sehr milde, auch landschaftlich ist der Ort sehr schön. Ich bewohne ein hübsches Zimmer für mich allein mit anschließendem Bodenraum. Etwas Pension bekomme ich auch, und da es ja so gut wie nichts zu kaufen gibt, reiche ich damit gut. Den Tag, als ich über Eva das erste Lebenszeichen von euch erhielt, werde ich nie vergessen. Ich war ganz fassungslos vor Freude und bin seitdem ein ganz anderer Mensch geworden.

Über Papas Tod kann ich keine Trauer empfinden, nur die traurigen Umstände, unter denen dies geschah, werde ich nie vergessen. Sonst aber war dieser Tod doch eine Erlösung und kam als Freund zu ihm. Wir wollen an die Worte des alten Attinghausen aus dem „Tell" denken, genauso hätte auch Papa sprechen können: „Andere Zeiten kommen. Was tu ich hier? Sie sind begraben alle, mit denen ich gewaltet und gelebt. Unter der Erde schon liegt meine Zeit. Wohl dem, der mit der neuen braucht nicht mehr zu leben."

Nun gibt es also doch noch einen Menschen in Deutschland, der auf uns wartet und immer an uns denkt. Wir wollen lieber noch gar nicht vom Wiedersehen reden, doch ist es ja schon eine große Gnade, dass wir voneinander wissen und uns schreiben dürfen, nicht wahr? Bisher war mir der Zeitpunkt unserer Abreise recht gleichgültig, aber wenn ich jetzt höre, wir müssten noch zwei Jahre hierbleiben, ist mir's, als stieße man mir einen Dolch ins Herz.

Eine kurze Stunde nur möchte ich jetzt bei dir sein. Ach, ich weiß nicht, was ich dann tun würde: Vielleicht weinen, vielleicht lachen, vielleicht erzählen, vielleicht auch mit dir schweigen. Ach Herzensmutter, wie weit bin ich doch noch von deiner Lebenshaltung entfernt, deiner selbstverständlichen Hilfsbereitschaft und diesem klaglosen Sich-mit-den-Dingen-abfinden.

So will ich nun genauso tapfer warten wie du und vor allem nicht in den Fehler der meisten Leute hier verfallen, diese Zeit als eine verlorene zu betrachten. Nein, noch nie habe ich Gottes Führung gespürt wie gerade hier, noch nie so viele innere und äußere Entwicklungsmöglichkeiten gehabt. Auch rein äußerlich betrachtet, glaube ich schon, dass wir beim Schlangestehen vor den Läden noch manchmal wünschen werden: Jetzt möchte ich wieder mit einem Buch auf dem Bett liegen, und dann müsste der bekannte Pfiff ertönen: „Essen und Kindermittag holen!" Ein Soldat schrieb neulich: „Nun sind wir in der Heimat und doch nicht in der Heimat." Ich war ja im Grunde immer eine Zugvogelnatur. Für mich soll nun überall bei Menschen, die mich gern haben, Heimat sein und bei dir natürlich am stärksten.

Heute traf ich eine liebe Bekannte und erzählte ihr von meinem großen Glück. Sie lächelte etwas schmerzlich: „Mir ist vor wenigen Tagen das Gleiche widerfahren. Glauben Sie mir, ich habe nie gewagt, ‚warum' zu fragen, aber bei der Nachricht habe ich zum ersten Mal in meinem Leben geseufzt: ‚Herr, warum hast du meine Mutter nicht lieber schon zu dir genommen?'"

Nein, Liebes, ich freue mich doch, denn ich weiß, dass du noch gern für uns lebst und getrost bist. Ob und wann wir uns wiedersehen, dass weiß Gott allein, aber was auch kommen mag, liebes Herz, du solltest dich nie um uns sorgen! Wohl werden wir auch weiterhin schwer um unser äußeres und inneres Gleichgewicht zu kämpfen haben, doch soll dieses Alleinsein mit den Feindgewalten nicht nur die ungeübten Kräfte in uns erstarken lassen? Entlässt uns auch nicht jeder Schmerz reifer? Enthüllt sich nicht jedes Ende nur als ein strahlender Beginn? So wollen wir uns denn ruhig tragen lassen von der großen Welle! Wir sind ja bewacht, wir können nicht tiefer fallen als einer großen Liebe in die Hände.

Nachwort

„Wie ging es weiter?“, mag sich der interessierte Leser fragen.

Die Aufzeichnungen meiner Mutter enden im Juli 1946 nach dem Erhalt des ersten Briefes von ihrer Mutter aus Salzwedel. Das steigerte die Hoffnung auf eine baldige Rückkehr nach Deutschland noch und machte sie sehr wünschenswert.

Das Lagerleben in Dänemark und später in Deutschland sollte jedoch noch etliche Jahre andauern.

Lassen wir meine Mutter selbst berichten: „Zunächst verbrachten wir noch ca. zehn Monate bis Mai 1947 in der Baracke bei Aalborg, bis wir mit einem Flüchtlingstransport wieder nach Deutschland zurückkehrten. Inzwischen hatte man unser sehr verkleinertes Vaterland in vier Zonen unterteilt. Wir konnten unseren Wohnort wählen. Ich entschied mich für den Kreis Ravensburg, also für die französische Zone.“

Nach Durchlaufen einiger Auffanglager gelangten wir schließlich nach Wilhelmsdorf in der Nähe von Ravensburg. Mit etwas Glück und Geschick fand sich dort eine angenehme Unterkunft. Es herrschten – verglichen mit allem, was vorher war – paradiesische Zustände: Die Hausherrin war hilfsbereit und freundlich, die Nachbarn brachten Lebensmittel und halfen, wo es nötig war. Zum ersten Mal traf man auf Menschen, die den Flüchtlingen Sympathie und Verständnis entgegenbrachten.

Aber leider änderte sich das bald.

Zunächst gab es noch ein glückliches Zusammentreffen: Unser Retter in Danzig, Onkel Hellwig, besuchte uns in Wilhelmsdorf. Er hatte eine Bleibe und eine gute Stellung in Ansbach / Mittelfranken gefunden und überredete uns, ebenfalls nach Ansbach zu kommen.

Bis dort für uns eine Wohnung gefunden wurde, sollten wir einen Zwischenaufenthalt in einer Notunterkunft bei Markt Bibart / Steigerwald in Kauf nehmen, sechs Wochen waren geplant. Aus sechs Wochen wurden neun Monate in einer kaum heizbaren, zugigen Baracke! Sehr erfreulich war aber, dass Oma Frenzel von Salzwedel nach Markt Bibart kam und dort mit uns zusammenlebte.

Onkel Hellweg, der inzwischen leider seine einflussreiche Stellung verloren hatte, versuchte vergeblich, uns in Ansbach eine Wohnung zu verschaffen. Wir landeten schließlich – nach einem kurzen „Abstecher" in ein Auffanglager in Roth / Schwabach – durch seine Vermittlung im Lager Wicklesgreuth / Mittelfranken, einem aus zwei langgestreckten ehemaligen Kasernen der Wehrmacht bestehenden Lager mit ca. 200 Einwohnern verschiedenster Herkunft (heute Standort der Firma Farbengroßhandel Busch + Co in Langenheim / Petersaurach im Kreis Ansbach).

Es waren interessante Jahre, die wir trotz der beengten Verhältnisse nicht in schlechter Erinnerung haben. Wir lebten dort von 1948 bis 1956 in einem Zimmer (21 m², vier Personen), bis es meiner Mutter endlich gelang, eine Vierzimmer-Wohnung in Sachsen bei Ansbach zu mieten.

Das insgesamt elfjährige Lagerleben hatte damit ein Ende. Oma Frenzel verließ uns 1958 und wechselte in ein Altersheim, wo sie 1966 mit 84 Jahren verstarb. Sie hatte das ganze Lagerleben klaglos überstanden, war immer zufrieden und ist bis heute den Menschen, die sie gekannt hatten, noch in bester Erinnerung.

Meine Mutter hielt es nicht lange in Sachsen bei Ansbach. Sie wollte, gewohnt von Königsberg, wo sie bis zu ihrer Heirat gelebt hatte, „Stadtluft" atmen, und so zogen wir nach drei Jahren in Sachsen (für alle eine angenehme Zeit) im April 1959 in eine Mietwohnung nach Ansbach. Meine Mutter lebte dort weitgehend allein (wir Kinder verließen Ansbach nach dem Abitur 1959 bzw. 1962), hatte viele Bekannte und Freunde und unternahm zahlreiche Reisen. Besonders enger Kontakt bestand mit der Familie Hellweg und deren Verwandten.

Ich zitiere hier wieder meine Mutter:

„Hans Hellweg hat sein Versprechen gehalten, man würde mir in seiner Familie immer wie eine nahe Verwandte und beste Freundin entgegenkommen. 40 Jahre waren wir sozusagen in die Hellweg-Familie mit eingebunden, machten alle Einsegnungen und Geburtstage mit, und ich war für alle die Tante Lore. Alle starben vor mir; zuletzt besuchte ich noch Frau Hellweg auf dem Sterbelager."

1975 erwarb meine Mutter eine kleine Eigentumswohnung in Ansbach und lebte dort bis 2002. Trotz vieler körperlicher Aktivitäten und Spaziergänge fiel es ihr immer schwerer, sich selbst zu versorgen. So entschloss sie sich im Alter von 90 Jahren, in das Seniorenheim St. Ludwig in Ansbach überzusiedeln. Anfangs noch sehr aktiv, fiel es ihr mit der Zeit immer schwerer, sich an das Gemeinschaftsleben anzupassen. Anfang 2007, nach einem fast bis zuletzt körperlich und geistig aktiven Leben, starb sie fast 96-jährig im Seniorenheim.

Sie blieb ihrem Grundsatz treu, über Erlebnisse auf der Flucht, über das zerstörte Königsberg und über den Verlust der Heimat bis zum Lebensende kaum noch zu sprechen.

Dr. Olaf Ehrich

Die Autorin

Lore Ehrich, geboren am 3. Mai 1911 als einziges Kind ihrer Eltern Hugo und Charlotte Frenzel in Königsberg/Ostpreußen, verlebte ihre Jugend- und Studienzeit bis zu ihrer Heirat 1935 mit Ewald Ehrich in Königsberg, unterbrochen durch Studienaufenthalte in Berlin und in Dijon. Ostern 1928 machte sie das Abitur.

Nach der Eheschließung am 12. März 1935 zog das Ehepaar nach Sensburg, wo ihr Mann eine Anstellung als Vermessungsrat gefunden hatte. Zwei Söhne wurden 1940 und 1943 in Königsberg geboren, der Stadt, in der sie wegen ihrer dort vorhandenen sozialen Bindungen und wegen des reichen kulturellen Angebotes ihren eigentlichen Lebensmittelpunkt gesehen hatte.

1940 wurde Ewald eingezogen, im Juli 1944 fiel er als Leutnant der Reserve an der Beresina (Weißrussland). Im Januar 1945 begann die Flucht von Sensburg durch Ostpreußen nach Danzig, dann weiter nach Nordjütland in Dänemark.

1947 konnte Lore Ehrich aus Dänemark ausreisen und lebte bis 1956 in verschiedenen Lagern in Süddeutschland.

1975 erwarb sie eine kleine Eigentumswohnung in Ansbach, die sie bis 2002 nutzen konnte. Noch mit 90 Jahren hat sie ein 70-seitiges handgeschriebenes Manuskript ihrer „Erinnerungen" verfasst, das ihren Lebensweg (ausgenommen der Kriegserlebnisse) beschreibt.

Am 6. Februar 2007 verstarb sie, fast 96-jährig, in einem Seniorenheim in Ansbach.

Weitere Daten:

Der Ehemann der Autorin: Ewald Ehrich, genannt Werner, geb. 12. März 1904, gest. 2. Juli 1944 an der Beresina, Reg. Vermessungsrat in Sensburg

Die Mutter der Autorin: Charlotte Frenzel, geb. 10. November 1881, gest. 20. Januar 1965

Der Vater der Autorin: Hugo Frenzel, geb. 18. August 1870, gest. 15. Februar 1945 in Wernegitten, Richter am Amtsgericht in Königsberg

Architekt Hellwig: Gustav Fritsch, 1974 in Ansbach / Mfr gestorben

Familie Ehrich, ca. 1944: Ewald, Lore, Axel, Olaf

Die Eltern von Lore Ehrich: Charlotte und Hugo Frenzel, ca. 1942

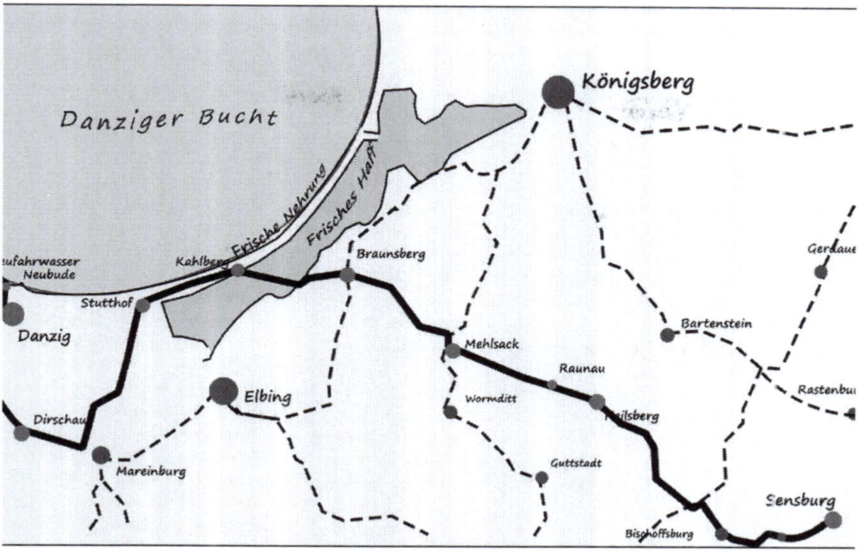

Der Fluchtweg

Ewald Ehrich, ca. 1942

Lore, Axel, Olaf, ca. 1950